企业税务筹划与风险管理实务

王美江◎著

人民邮电出版社

北京

图书在版编目（CIP）数据

企业税务筹划与风险管理实务 / 王美江著. -- 北京：
人民邮电出版社，2024.6
ISBN 978-7-115-64086-4

Ⅰ. ①企… Ⅱ. ①王… Ⅲ. ①企业管理－税收筹划－
中国 Ⅳ. ①F812.423

中国国家版本馆CIP数据核字(2024)第084527号

内 容 提 要

近年来，我国税收制度得到了进一步的完善，税收征管力度也在不断加大，同时社保与税款合并征收、全电发票的推行等政策的实施，更加需要企业专业化面对。如何做好纳税筹划成为企业必须面对的问题。由于企业的经营活动具有复杂性，因此规范税务活动和减轻税负变得更加重要。进行纳税筹划、有效防范税务风险，是规范税务活动和减轻税负的重要举措。

本书从企业经营各个环节入手对如何进行纳税筹划进行讲述，通过对案例等进行解读，帮助读者正确认知纳税筹划并知道如何进行合理的纳税筹划。本书适合企业中高层管理者、税务领域从业者等阅读使用。

◆ 著　　　　王美江
　　责任编辑　李士振
　　责任印制　周昇亮

◆ 人民邮电出版社出版发行　　北京市丰台区成寿寺路 11 号
　　邮编　100164　　电子邮件　315@ptpress.com.cn
　　网址　https://www.ptpress.com.cn
　　北京天宇星印刷厂印刷

◆ 开本：700×1000　1/16
　　印张：16.75　　　　　　　　2024 年 6 月第 1 版
　　字数：288 千字　　　　　　 2024 年 6 月北京第 1 次印刷

定价：89.80 元

读者服务热线：(010)81055296　印装质量热线：(010)81055316
反盗版热线：(010)81055315
广告经营许可证：京东市监广登字 20170147 号

　　税收是我国财政收入的主要来源，也是我国对国民经济进行有效宏观调控的主要方式。作为保障社会经济平稳发展的重要举措，税收需要具备与时俱进的特点，所以在我国社会经济高速发展的今天，我国税收政策也在不断升级完善，为国民经济增长提供更全面的保障。

　　近年来，随着我国税收制度不断完善，我国税收环境与发展条件不断趋好，但在市场发展背景下，我国企业的纳税筹划依然存在诸多不足。因为企业生产经营具有较强的复杂性，且有些企业对税务管理缺乏重视，所以大量企业承担着不尽合理的税负。针对这种情况，编者悉心编写了本书，希望本书能够帮助企业及时了解税法改革在企业所得税、增值税方面的纳税变化，同时帮助企业了解合理减轻税负、有效纳税筹划的方法，帮助企业做好税务风险防范，进而推动自身发展。

　　我国税务部门进行了多种税费改革，同时推出了多项税收优惠政策，企业纳税筹划空间不断拓展。本书基于这一税收背景，对企业纳税筹划方法与策略进行了详细分析，结合我国新税收制度，全面介绍了企业纳税筹划重点。秉持让企业充分享受税收优惠政策，帮助企业依法纳税的初衷。

　　本书是一本在税收制度频繁改革环境下，结合新税收制度，为企业详细讲解纳税筹划实务的工具书，是帮助企业减轻税负、学习纳税筹划的实操宝典。总体而言，本书具有以下三个特点。

　　（1）立足实际，注重实务，强调实操。本书结合了新的税收政策，以提升企业纳税筹划能力为目标，通过理论与实际结合的方式讲述了各种纳税筹划实操方法。

　　（2）深入分析，融会贯通。本书对企业适用的各种纳税筹划方法展开深入分析，并站在企业角度列举了大量实操案例，通过案例描述，帮助企业了解纳税筹划技巧。

（3）内容实用，通俗易懂。本书讲解的纳税筹划方法均以新的税收政策为筹划依据，各种纳税筹划观点适用于当前的税收环境。同时，本书用通俗易懂的语言对各种纳税筹划方法进行了多角度讲解，为企业纳税筹划提供了更多选择。

在编写本书的过程中，作者参考了相关文献以及相关专家的观点，在此谨向这些文献的作者及相关专家致以诚挚的谢意。

由于作者水平有限，书中难免存在疏漏之处，恳请读者批评指正。

目录

第 1 章

税收制度改革和纳税筹划

税收是我国宏观调控经济发展的关键政策工具，也是我国财政体系健康构建和经济高效发展的重要基础。在当前财税金融体制不断深化改革的时代背景下，我国税收制度也在持续的实践探索和调整中。为了构建更高水平的社会主义市场经济体制，税收制度改革升级是必然的趋势和措施。

1.1 为什么要做纳税筹划

纳税筹划是管理企业的重要措施，有效的纳税筹划能够为企业带来多种发展助益，同时有效节约企业运营成本。所以纳税筹划是企业必须认真思考、研究、实施的重要发展事项，也是合理减轻企业税负的有效方法。

从国家经济发展层面分析，纳税筹划具有以下重要作用。

1. 纳税筹划能够有效抑制企业偷税漏税行为

企业经营过程中，减轻税负是所有企业都在思考的发展问题。减轻税负的方式多种多样，但不懂得纳税筹划的企业容易采用偷税漏税的违法手段来减轻税负，这种方式最终会让企业受到严重处罚。而合理进行纳税筹划可以使企业在合法范围内，通过有效方法达到减轻税负的目的，这对优化税收环境有良好的促进作用。

2. 纳税筹划能够合理调节国家税收总量

纳税筹划的主要作用是调节企业投资方向，确保国民经济发展的计划性与稳定性，同时提高企业经济效益和社会经济发展效果。从纳税筹划的作用角度分析，合理的纳税筹划不仅不会减少国家税收总量，还会因企业健康发展、收入与利润增加而提高国家税收总量。

3. 纳税筹划能够强化企业依法纳税的主观意识

据我国税务部门统计，近年来我国企业偷税漏税行为的主要原因之一便是依法纳税主观意识不足。另外大部分偷税漏税企业还具有一个相同点，即不懂得进行纳税筹划，所以其为达到减轻税负目的采取各种非法手段进行偷税漏税。事实上，企业在进行纳税筹划时，其能够充分了解到与企业经营相关的税法知识，并对依法纳税产生正确认知，在进行纳税筹划过程中深度了解这些相关知识能够强化企业依法纳税的法律意识，并采用正确方法达到较好的纳税筹划效果。

4. 纳税筹划能够为我国税法建设、改革提供重要参考

纳税筹划是根据税法规定合理地减轻税负，纳税筹划的理论与方法均与税法建设、税法改革密切相关。我国在制定与完善税法的过程中，也会重点考虑帮助企业合理合法减轻税负，所以纳税筹划是我国税法建设、改革的重要参考因素。

5. 纳税筹划可以优化产业结构与引导投资方向

纳税筹划的主要运营方式是利用税基与税率的差别，帮助企业达到减轻税负的目的。

企业进行纳税筹划不仅能起到减轻企业税负的效果，还能在国家税收杠杆作用下，优化市场产业结构与引导投资方向，从这一角度分析，纳税筹划是一种企业与国家共赢的发展措施。

从企业发展分析，纳税筹划是通过对企业经营、投资、理财活动等一系列涉税活动的合理筹划安排，最大化减轻企业税负的经济发展策略。所以对企业而言，纳税筹划有以下几种作用。

1. 节约成本，提高利润

税是企业发展过程中的一种主要支出，合理进行纳税筹划主要体现为企业提前安排各种经济活动，合理合法地运用相关税收优惠政策减轻企业税负。这一行为在确保企业履行纳税义务的同时降低了企业支出，提高了企业利润。

2. 规避税务风险

依法纳税是我国所有企业都要遵守的经营准则，纳税筹划是在符合我国法律法规下进行的一种经济行为，这一行为能够有效减小企业税负压力，同时保障企业依法经营，规避相关税务风险。

3. 享受更多税收优惠

税收优惠政策是随着税收制度改革不断更新的税务法规，企业在进行纳税筹划时能够了解到更多与自身经营相关的优惠政策，从而进行业务结构调整、投资策略调整，这些合法的经济活动既受到国家鼓励，又能够帮助企业享受更多税收优惠。

4. 增强企业财务管理能力

纳税筹划是使企业资金、成本、利润保持良好状态的有效措施，所以纳税筹划有助于企业提升财务管理能力。

依法纳税是企业经营发展中需要长期保持的经营行为，也是决定企业利润空间、发展效果的重要因素，进行纳税筹划是合理合法提升企业经营效果的有效措施，也是企业变大、变强的重要基础。

1.1.1 纳税筹划产生的原因

税法在我国拥有悠久的发展历史，最早的税法能够追溯到夏商时期。夏朝是我国第一个奴隶制国家，夏朝王室制定了一套明确的政策，要求其下属部落或平民根据若干年土地收获物的平均数，按照一定比例缴纳农作物，被缴纳的农作物被称为"贡"，"贡"就是"税"最早的形式。

虽然税法在我国流传了千百年，但纳税筹划却是近代历史的特定产物，因为随着我国税法的不断完善，税收优惠政策不断增加，纳税人合理合法减轻税负的空间越来越大，纳税筹划自然顺势出现。

事实上，纳税筹划最早在意大利出现，19世纪中期，意大利社会经济发展体系逐步完善，意大利高收入人群不断增加，这些高收入人群的纳税问题随之形成了税务服务市场，纳税筹划初步诞生。到20世纪初期，美国经济发展开始进入高速阶段，借鉴了意大利纳税筹划服务的经验，美国会计协会率先提出了纳税筹划的定义。当时，美国会计协会对纳税筹划的解释为，这是一项遵循税务法规，能够为纳税人带来税款移后扣减的措施。

我国开展纳税筹划的时间比较晚，到20世纪中后期，我国才引入纳税筹划的概念，这与我国经济发展变化存在直接关系。2000 年之后，随着我国经济的蓬勃发展，我国本土的纳税筹划进入快速发展阶段，从我国纳税筹划的应用目的与效果中可以看出，企业进行纳税筹划主要有主观和客观两方面因素。

1.　企业开展纳税筹划的主观因素

企业开展纳税筹划的根本原因是经济利益的驱动，企业为确保自身经营利益最大化会自觉开展各种纳税筹划行为。我国税务部门曾开展过一次关于企业经营选择的调查，调查数据显示绝大多数企业希望到经济特区、开发区及税收优惠地区设立或经营企业，主要原因是这些地区税负轻、利润空间大。

在企业收入不变的前提下，有效进行纳税筹划自然可以增大企业利润空间，税收是企业发展过程中的一项主要支出，通过纳税筹划适当降低支付总额，自然是企业乐于见到的结果。

2.　企业开展纳税筹划的客观因素

除主观因素，企业进行纳税筹划还存在一些客观因素，这些客观因素主要源于我国的税法特点及纳税环境特点，目前促使企业进行纳税筹划的客观因素主要有以下几种。

（1）从税法角度分析，纳税人定义存在可变通性。我国现行的税法中明确规定，任何税种都要针对特定的纳税人，但纳税人的界定理论在实际实施中存在一定差别，这种差别被称为纳税人定义的可变通性。

纳税人定义的可变通性是很多企业进行纳税筹划的重要依据，比如当某纳税人有足够的理由和证据证明自己不属于该税种的纳税人时，便可以不缴纳该种税款，企业自然可以减轻税负。

就我国市场经营现状而言，纳税人定义可变通性的情况主要有三种。一是纳税人转变了经营内容，从某种税的纳税人转变为另外一种税的纳税人。二是经营内容与经营形式脱离，主要表现为企业通过经营形式的变动来掩盖其真实的经营内容，以此进行非法逃税，这种方式是我国税法中明令禁止的。三是纳税人通过合法手段转变经营内容与经营形式，无须缴纳原税种的税费。

（2）从纳税角度分析，课税对象金额存在可调整性。根据我国税法相关规定，我国税额计算的关键因素分别为课税对象金额和适用税率。如果税率固定，课税对象金额则决定了纳税人的纳税金额。而课税对象金额具有可调整性，比如企业按照销售收入缴纳增值税时，由于销售收入中存在各种可扣除项，收入金额存在一定的调整空间，企业可以通过各种纳税筹划方法合理增加扣除项，降低销售收入，增值税缴纳金额自然会降低，企业税负随之减轻。

（3）从纳税角度分析，企业能够针对不同税率进行纳税筹划。我国现行税法针对不同税种制定了不同的税率，即便同一税种不同税目也存在税率的差异，所以针对不同税率进行纳税筹划也是减轻企业税负的有效方式。

（4）从纳税角度分析，起征点是企业纳税筹划的重要依据。在企业经营过程中，起征点是纳税筹划的一大客观因素。因为起征点是课税对象的最低征税额，低于这一金额企业可以不缴纳相关税费，超过这一金额则需要按照全额进行税费缴纳。所以，企业经营过程中会通过各种纳税筹划措施努力将自己应纳税所得额控制在起征点之下。

（5）我国税法中存在各种减免税优惠政策。近年来，我国税务部门大力开展减税降费改革，各种减免税政策不断增加。税收制度改革的主要目的是稳定市场环境，扶持更多纳税人健康发展。在这种纳税背景下，各类减免税的优惠政策也成了企业纳税筹划的客观因素，为合理合法降低营业成本、降低企业经营压力，各类企业都在设法享受减免税优惠政策，以减小自己的税负压力。

以上5种客观因素也是我国企业根据本土环境进行纳税筹划的重点，而对一些市场已拓展到海外的大型企业而言，纳税筹划过程中还存在部分国际客观因素。

3. 企业纳税筹划的国际客观因素

由于各国市场环境与纳税环境不同，所以各国税法也存在较大差异，当企业市场拓展到海外后，则需要考虑国际纳税问题，纳税筹划自然要思考国际客观因素。目前，影响企业纳税筹划的国际客观因素主要有以下几种。

（1）不同国家的纳税人概念存在差别。截至2022年，世界各国税法对纳税人概念及纳税人义务还没有达成统一。目前国际社会确定纳税人的纳税义务主要遵循三个原则。

一是纳税人必须在居住国纳税。二是纳税人必须在所属国纳税。三是纳税人的财产或所得如果来源于一国境内，必须在来源国纳税。

由于这三种国际纳税原则存在较大差别，所以企业进行国际纳税时就获得了较大的纳税筹划空间，企业在合法范围内进行纳税筹划可以减轻国际税负。

（2）不同国家的课税程度与方式存在差异。目前，全球大多数国家对个人和企业都实施征缴所得税，但在财产转让税上则存在较大差异。比如部分国家不征收财产转让税，或某些国家的财产转让税税负较轻，这也为企业进行国际纳税筹划创造了一定空间。

（3）不同国家的税率存在差别。由于市场环境和纳税环境不同，各国对所得税的税率设定也存在差别，这种差别为企业进行国际纳税筹划争取到较大空间。比如企业可以通过将利润从高税率国家转移到低税率国家进行合理合法的纳税筹划。

（4）不同国家的税基存在差别。除了税率，不同国家的税基也存在一定差别。比如大多数国家所得税的税基为应税所得，但在应税所得的扣除项的规定上，各国存在较大差异。企业进行国际纳税时，也可以根据各国政策合理减小税基，从而达到减轻税负的目的。

依法纳税是我国纳税人应尽的义务，在经营企业过程中合理进行纳税筹划能够合法、有效减轻企业税负，获取更大利润空间。纳税筹划一定要合理合法，根据纳税筹划产生的原因，善用纳税筹划的客观因素，企业才能够达到合法减轻税负的目的。

1.1.2　真正意义上的纳税筹划

很多企业管理者认为纳税筹划是企业财务部门的工作，企业财务工作者通过做账等方式能够起到明显的纳税筹划效果。

事实上，做账与纳税筹划完全不同，做账只不过是纳税筹划的一种方式，并非真正意义上的纳税筹划，且做账大多是针对企业已经完成的业务内容，这种纳税筹划措施并不能达到最佳纳税筹划效果。

真正意义上的纳税筹划是一项关系企业整个业务流程，需要企业管理者积极参与的工作，且真正意义上的纳税筹划包含以下多个重点。

（1）纳税筹划不只是单纯的会计工作或财务工作，更是企业管理者和业务部门的重要工作。

（2）纳税筹划的重点是在业务开展前进行筹划，而不是税务事实形成后。

（3）纳税筹划与企业业务经营流程息息相关，针对业务经营流程开展纳税筹划远比针对财务处理开展纳税筹划效果好。

（4）纳税筹划的原则是在降低企业税务风险的前提下进行，而不是一味追求减轻税负。

（5）纳税筹划要充分结合企业商业模式，利用商业模式特点有效降低企业税务成本。

（6）纳税筹划要与企业业务、企业战略充分融合。

（7）税收政策是纳税筹划的重点，但完全依赖税收政策并不能达到最佳筹划效果，因为完全依赖税收政策属于纳税遵从。纳税筹划要多结合企业自身实际情况及市场环境，积极主动进行。

（8）纳税筹划不能仅针对单一税种进行，应该针对与企业相关的所有税种进行综合筹划。

（9）纳税筹划一定要具备全局性，针对企业整个业务流程进行筹划，切忌顾此失彼或顾头不顾尾。

（10）纳税筹划要注意分寸，过度筹划只会增加企业税务风险。尤其对企业而言，纳税筹划一定要确保在合理范围内，因为我国当前税务环境十分有利于企业进行纳税筹划，国家已经充分考虑到企业的经营困难，并开展了多项减税降费改革，如果企业再进行过度筹划，很容易受到严厉处罚。

（11）纳税筹划的关键是提前预测、提前筹划，只有做好事前规划与准备，才能够达到最佳的筹划效果。

（12）纳税筹划的前提是合法合理，注重事前筹划、过程修正、事后完善。

（13）发票是纳税筹划的主要工具，企业的资金、业务、合同都是纳税筹划重点。

牢记以上重点，企业才能够开展真正意义上的纳税筹划，企业才能合法合理减轻税负。

1.1.3　纳税筹划的主要特征

纳税筹划是在我国税法允许范围内进行纳税人利益最大化的合理筹划，总体而言这一行为具有以下特征。

1. 合法性

合法是企业进行纳税筹划的基本原则。事实上纳税筹划就是对我国税法进行分析研究，结合企业实际情况，在合法合理条件下进行纳税的最佳选择。开展过纳税筹划的企业都能够认识到，纳税筹划中绝对不能出现违反国家税法的行为，否则企业将面临巨大的税务风险及严重的处罚，所以企业必须具备一定的税法知识，充分了解与企业经营相关的税法条款，从而能够有效开展纳税筹划。

纳税筹划的合法性主要表现为筹划手段在现行税法允许范围内，不存在任何与法律冲突的行为，也不存在隐瞒、欺骗等违法行为。总体而言，纳税筹划的本质就是根据税法导向进行最优的纳税选择。

2. 政策遵从性

我国税法的制定、改革、完善都是基于社会经济发展实际情况开展的，且税收是决定我国经济发展效果的重要杠杆，所以企业进行纳税筹划要遵从相关税法，积极参与各种税收优惠政策，对国家税收进行的多征、减征等改革及时适应，主动助力我国税务部门进行市场经济宏观调控。

3. 目的性

企业开展纳税筹划时要确定明确的筹划目标，在合理合法前提下围绕目标开展最优的纳税筹划策略，充分行使合法权利，享受最大税收优惠。

4. 时效性

企业纳税筹划策略具有时效性，因为我国税法会随着社会经济发展不断完善、修正、改革，企业需要及时根据税法改革情况做出相应筹划调整。

1.2　纳税筹划的工作流程

伴随着我国税收制度的改革，我国企业的纳税环境不断趋好，纳税筹划依然是企业确保自身发展质量与发展效果的关键措施，所以企业管理者应该清楚了解纳税筹划的工作流程。正常情况下，企业进行纳税筹划一般需要遵循 6 个关键步骤。

1. 清楚分析企业经营情况与纳税需求

企业在开展纳税筹划之前需要清楚了解企业的基本经营情况与纳税需求，不同企业经营情况不同，纳税要求也存在巨大差异，所以企业在实施纳税筹划措施之前需要对企业的以下经营情况有明确认知。

（1）企业组织形式。不同组织形式的企业税负不同，企业组织形式是企业开展纳税筹划的起点，针对企业组织形式可以制定不同的纳税规划与筹划方案。

（2）企业财务状况。企业进行纳税筹划的基础是合理合法地减轻税负，只有企业财务状况明晰，企业才能够全面、详细地制定合理合法的纳税筹划方案，所以企业在开展纳税筹划之前需要认真审核财务报告及账簿记录等关键财务资料。

（3）企业投资意向。根据我国现行税法规定，企业开展各种投资活动时可以享受针对性的税收优惠，不同类型、不同规模的投资活动享受的优惠政策也不相同。所以企业开展纳税筹划之前需要明确自身投资意向，根据自身实际投资情况进行纳税筹划。

（4）企业风险防范意识和措施。风险防范意识及防范措施不同的企业，开展纳税筹划的策略也不相同。风险防范意识、风险防范措施完备的企业，纳税筹划开展更为顺畅，纳税筹划方法更加直接有效。而风险防范意识、风险防范措施缺乏的企业，纳税筹划开展难度较高，且纳税筹划风险较大，所以企业风险防范意识与措施也是企业开展纳税筹划的关键因素。

在了解实际经营情况之后，企业还需要明白自己的纳税需求与筹划目的。很多企业经营者认为企业的纳税需求与筹划目的只有一个，就是为企业减轻税负，但事实上减轻税负只是纳税筹划的基本需求，纳税筹划的主要目的分为两个。

（1）增加企业所得。针对这一目的开展纳税筹划的企业又分为三种情况：一是通过纳税筹划最大限度增加企业年度所得；二是通过纳税筹划最大限度实现企业若干年后的资本增值；三是既要增加年度所得又要实现资本增值。根据这三种不同的目的，企业开展纳税筹划的方案也不同，所以只有明确企业纳税筹划的主要目的，才能够有针对性地实施各种筹划措施。

（2）增加企业投资收益。有些企业开展纳税筹划的主要目的是针对企业投资活动，谋求投资收益最大化。在这种情况下，企业需要对投资项目、投资类型、投资期限进行细致分析，根据投资运营实际情况制定纳税筹划方案。比如通过综合分析企业自身实际情况与投资项目的回报情况，企业管理者可以计算投资期限的税负总额，有些时候缩减投资年限反而会为企业带来更大的投资收益。

2. 对企业相关税法政策进行梳理分析

纳税筹划是针对企业经营相关税法政策进行最优纳税选择的思考，所以企业在了解自身实际经营情况与纳税筹划需求之后，下一步是对企业经营相关税法政策进行梳理分析，全面了解与企业经营相关的行业政策、区域政策，及时理解、掌握国家的税收制度，找到纳税筹划的最优解。目前，大多数成熟企业都建立了税务信息资源库，便于企业更加深入、细致地结合税收制度进行纳税筹划。

通过总结我国企业进行纳税筹划的主要方法，企业了解经营相关财税政策和法规的主要渠道有以下几种。

（1）认真了解、分析税务机关分发的税收法规材料。

（2）主动到税务机关索取与企业经营相关的税收法规材料。

（3）通过地区税务机关官方网站查阅相关税收法规材料与了解税收改革动态。

（4）通过地区政府机关官方网站查阅相关税收法规材料与了解税收改革动态。

（5）到书店购买政府机关发行的税收法规出版物。

（6）订阅、购买税收服务机构汇编的税收法规资料。

3. 开展全面的纳税评估

了解完自身实际经营情况、纳税筹划需求及税收相关法律法规后，企业还需要对自身进行全面的纳税评估。通过纳税评估，企业能够迅速整理出以下纳税筹划要点。

（1）企业现行的纳税控制制度。

（2）企业资产涉税会计处理方法。

（3）企业现行的涉税理财计划。

（4）企业经营涉及的主要税种。

（5）企业近年来的纳税情况分析。

（6）企业存在的纳税失误和涉税问题。

（7）企业的纳税违规处罚情况。

（8）企业和当地税务部门的关系情况。

4. 纳税筹划方案设计

企业开展纳税筹划的关键步骤是进行纳税筹划方案设计，根据企业经营实际情况不同，企业设计的纳税筹划方案也不同，不过无论哪种纳税筹划方案，都需要包含以下几个重点。

（1）企业涉税问题。企业涉税问题是指企业经营、投资过程中涉税项目属于什么性质，主要涉及哪些税种，相关税收法律规范有哪些。针对这些问题开展纳税筹划是确保筹划合理合法的关键。

（2）涉税问题的分析与判断。了解自身涉税问题后，企业可以继续思考主体业务和投资项目的纳税筹划方向、纳税筹划空间，以及纳税筹划效果，明确了这些关键因素，企业便能够清楚纳税筹划中需要解决哪些关键问题。

（3）针对企业涉税问题设计多种备选纳税筹划方案，之后结合企业经营情况、财务运作情况及会计处理方式对多种方案进行选择及优化，最后对比、分析、评估出适合企业实施的纳税筹划方案。

5. 确保纳税筹划方案的合法性

企业设计纳税筹划方案时，会结合企业实际经营情况，之后根据相关法律条文与法律实践进行纳税筹划方案的合法性判断。但有时候企业自身对税法相关条款理解不到位，或看待问题角度存在偏差，会导致企业纳税筹划方案中存在一些看似合理但不合法的情况，这种情况会增加企业税务风险，甚至可能使企业受到财务处罚。

企业在进行纳税筹划方案设计时应该尽量与税务机关保持充分的沟通交流，及时协调一些不确定情况，在纳税筹划方案确定后还需要进行合法性评估。

合法性是确保纳税筹划方案有效的基本前提，只有确保合法前提，企业开展纳税筹划才有实际意义。

6. 纳税筹划方案的跟踪管理与效果评估

企业开展纳税筹划之后，还需要对各种筹划策略、筹划措施进行跟踪管理与效果评估，在筹划效果与预期效果出现偏差时及时查明原因，然后优化纳税筹划方案，确保纳税筹划方案达到预期筹划目标。

纳税筹划工作的开展是一个系统的过程，在全面了解企业经营实际情况与纳税筹划需求后，企业才能够制定更优的纳税筹划方案，并取得理想的纳税筹划效果。

1.2.1 开展纳税筹划应具备三个意识

随着我国税收制度的改革完善，近年来纳税筹划对企业发展的作用越发突出，如何做好纳税筹划成了当代企业都在思考的问题。不过在进行纳税筹划思考之前，企业管理者和纳税筹划者需要具备三个意识，基于这三个意识开展的纳税筹划才能够确保最终筹划效果。

1. 全局意识

纳税筹划是企业根据实际经营、投资活动、理财活动进行事先安排与筹划，多方面运用税收、会计、法律等相关知识，通过合法手段减轻企业税负的经济行为。

纳税筹划的有效实施能够有效维护企业利益，提升企业利润空间，减小企业压力，从而实现企业最大价值。所以，纳税筹划的开展必须围绕企业发展全局，在纳税筹划各个环节最大化提升筹划效果，同时降低企业税务风险。

企业开展纳税筹划之前，不仅要确保企业管理者、纳税筹划者具备纳税筹划意识，还要让企业各层领导、所有普通员工具备纳税筹划意识。当纳税筹划意识与员工工作融合之后，企业才能够在细节运营中提升纳税筹划效果，进而提升企业竞争力。比如目前我国依然有不少企业的员工没有纳税筹划意识，日常工作期间不懂得开发票的重要性，导致企业纳税成本不可控，纳税筹划效果难以全面提升。

企业纳税筹划的全局意识是指企业建立一套纳税控制体系，在企业管理者带动下引导全员参与，让企业员工明白自己的工作是企业纳税筹划的重要组成，在工作中自觉规避、改正一些与纳税筹划目标不一致的行为，将企业纳税筹划从事后弥补转变为事前控制，提升纳税筹划管理效果，帮助企业与自身实现利益最大化。

2. 专业意识

纳税筹划不只是企业财务部门的工作，也是企业管理者的工作，这项活动需要企业全员重视，在企业财务部门带动下积极参与配合。为获取更好的纳税筹划效果，企业财务部门的纳税筹划者必须具备专业意识，才能够确保财务部门引导企业其他部门进行全面细致的纳税筹划。

结合我国当前的纳税环境，可以得出企业财务部门的纳税筹划者需要具备以下技能，才能够确保最终纳税筹划效果。

（1）相关政策内涵把握能力。企业财务部门的纳税筹划者需要对现行税法内涵进行精准把握，研究企业所属市场、行业的经济发展特点，及时了解各种税收政策变化趋势，最终全面、准确把握各种税收法律法规，帮助企业制定理想的纳税筹划方案。

（2）熟悉会计制度，掌握财务运作技巧。纳税筹划是一项巧妙运用各种财务制度与财务技巧的经济行为，企业纳税筹划者不仅需要具备全面的会计基础知识，还需要掌握各种财务运作技巧，利用技术优势帮助企业提升纳税筹划效果。

（3）辅助企业管理者进行纳税筹划决策。企业财务部门的纳税筹划者不仅要懂得各种纳税筹划技巧，还需要积极参与企业投资、理财等项目的管理工作，将企业各种财务活动的会计核算、财务管理融入企业存续的全过程，充分发挥自身财务价值，帮助企业提升纳税筹划效果。

3. 超前意识

随着我国社会经济不断发展，我国税收制度也在不断改革完善，这代表我国税收政策存在变化与差异。比如我国不同区域实行的税收制度便存在税收待遇差别，即使在相同区域，不同组织结构与形式的企业的税收政策也可能不同，所以企业开展纳税筹划之前需要具备一定超前意识，基于纳税筹划目的对企业纳税地点、经营方向、组织架构进行深度思考。

另外，目前我国大多数企业的纳税筹划活动还局限在企业财务部门当中，大部分纳税筹划工作主要针对事后开展，这是没有超前意识的表现。如果企业能够实现对经营方向、经营效果的提前预测，便能够进行事前安排，在经营的各个环节提升纳税筹划效果。

总而言之，纳税筹划不是一个简单的财务行为，而是一个系统性、全面性的经济活动，企业进行纳税筹划之前要保持正确的筹划意识，通过一套健全的纳税筹划机制，将纳税筹划从事后弥补转变为事前控制，降低企业纳税风险，增强内部财务管理效果，利用团队力量实现企业经营利益最大化。

1.2.2 纳税筹划应实现三个结合点

纳税筹划的开展需要充分与企业经营实际情况结合，可以说纳税筹划是一套将企业业务流程、税收政策、筹划方法和会计技巧综合运用的活动。从纳税筹划的实施重点中可以看出，要确保纳税筹划效果，需要在纳税筹划中抓住三个重要的结合点。

1. 企业业务与税收政策结合

企业的纳税筹划需要针对主要业务的全流程进行设计，当然也包括企业的融资行为或产业扩充等行为。在企业业务运行过程中，企业管理者、纳税筹划者首先需要明白企业业务流程自始至终涉及了哪些税种，与企业经营相关的税收政策、法律法规都有哪些，各项税种的税率是多少，征收方式如何，与企业经营相关的税收优惠政策又有哪些，业务运营过程中基于相关税法企业能够筹划的空间有多大等。了解了这些内容之后，企业才能够准确、有效地结合上述问题的答案开展纳税筹划，所以企业业务与税收政策的结合是企业纳税筹划需要注意的第一个关键点。

2. 筹划策略与税收政策结合

为确保企业纳税筹划方案的合法性，绝大多数纳税筹划策略都是基于税收政策与企业实际经营情况设计的。企业在准确掌握与自身业务相关的税收政策、法律法规基础上，对现有税收政策进行分析思考，使用一些巧妙、恰当的筹划方法能够更准确地找到纳税筹划的突破口。

3. 筹划策略与会计处理结合

纳税筹划过程中需要大量运用到会计处理，以此确保企业纳税筹划最大化实现减轻税负的目标。另外，大多数纳税筹划策略的实施同样要体现在会计科目上，所以企业在纳税筹划过程中要把各种筹划策略与会计处理进行结合，以此确保纳税筹划方案实施的顺畅与最终效果。

以上三个结合点是现代企业实施纳税筹划方案的重点，确保以上三个点的有效结合，企业纳税筹划的措施会更明确、筹划效果会更显著。下面通过一个案例来说明。

案例

A企业为一家纯净水销售企业，A企业的产品销售方式为按桶销售，并为客户免费提供送水服务，但每桶水需要客户支付一定押金。如客户不再选择A企业产品，只需要把水桶退回，A企业便全额退回押金。根据我国现行税法规定，如果企业运营过程中收取了产品包装物押金，超一年未退还的企业则需要全额缴纳增值税。这就涉及企业业务与税收政策结合，以及筹划策略与税收政策结合。

A企业通过自身经营实际情况及业务相关税收政策，进行了后续发展分析。企业按照销售纯净水的营业额纳税完全合情合理，但水桶押金并不是企业收入所得，因为这部分押金只是为保障企业财产在用户免费使用期间不因损坏、丢失给企业带来损失，这部分押金一般会退回客户。如果押金也需要缴纳增值税，企业经营无疑要承担不合理的税负。

但我国税法做出这样的规定主要是为了防止企业包装物销售获得收入时逃避纳税义务，这一法律政策完全合理。

　　所以 A 企业需要根据自身实际情况进行纳税筹划。可以看出，A 企业进行纳税筹划的关键是抓住押金的"一年"期限，这一年的时间也是 A 企业纳税筹划的空间。如果 A 企业的水桶押金能在一年内通过合法手段办理相关手续，那么 A 企业水桶押金便不存在纳税问题，这就是 A 企业纳税筹划的重点。

　　其实 A 企业进行纳税筹划的具体操作非常简单，只需要恰当运用会计处理方法便可以解决问题，这就涉及筹划策略与会计处理结合。最终 A 企业进行纳税筹划的具体措施为，A 企业向所有客户表示企业每年年底会对所有水桶进行一次卫生检测，对于老旧水桶进行淘汰更新，年底时企业会回收旧水桶，并退还客户水桶押金，水桶检测完成后再重新向客户收取押金，这样 A 企业的水桶押金收取期限便长期保持在"一年"期限之内，这部分押金就不需缴纳增值税。

　　从这个简单的案例中可以看出，企业纳税筹划方案无论是简单还是复杂，三个结合点都是确保筹划效果的关键。通过结合点的有效筹划，企业可以利用简单的方式解决纳税筹划问题。

第 2 章

个人所得税纳税筹划和环境保护税纳税筹划

　　近年来，个人所得税与环境保护税逐渐成为纳税人进行纳税筹划的重点，这两大税种发挥着宏观调控我国国民经济收入水平、确保社会环境健康可持续发展的重要作用，所以这两大税种与我国企业发展息息相关，对这两大税种开展有效的纳税筹划可以全面提升企业的发展效果。

2.1 个人所得税纳税筹划

我国税收政策、法规及制度的建立与改革，能使税务部门更好地规范纳税人的纳税行为。而根据税务法律法规进行纳税筹划，是纳税人规范自身纳税行为、减轻税负的有效方法。

个人所得税作为我国宏观调节低收入人群与高收入人群之间差异的主要宏观政策，是平衡社会资源分配、提高社会稳定性的重要税种。近年来，我国税务部门根据社会经济及国家整体发展的实际情况对个人所得税做出了有序调整，比如 2022 年 3 月 25 日，国家税务总局修订了《个人所得税专项附加扣除操作办法（试行）》及《个人所得税扣缴申报表》，对我国个人所得税专项附加扣除项操作办法进行了完善。

在个人所得税伴随我国社会发展不断改革完善过程中，很多传统个人所得税纳税筹划方法已经无法满足纳税人需求，只有针对个人所得税税法改革特点制定全新的纳税筹划方法，才能够确保纳税人达到减轻个人所得税税负的目的。目前，主要的纳税筹划策略有以下几种。

1. 对个人收入所得进行科学合理的均衡

目前，我国存在因个人年度收入不稳定、不均衡而导致的纳税不合理情况。针对这种情况，在个人所得税纳税筹划过程中，纳税人应该注重通过均衡收入的方法进行个人所得税纳税筹划。在规定的时间范围内合理分摊个人所得总收入，从时间意义上让个人收入保持均衡状态，如此便可以结合各地实施的个人所得税优惠政策进行纳税筹划，扣税的均衡性也能在这种筹划方法中充分体现。

另外，对企业员工个人所得税纳税筹划而言，通过均衡年度收入进行个人所得税筹划的方法还能够使企业员工薪酬得到有效平衡，在企业员工薪酬进行有效平衡后，员工年度承担的税负自然得以减轻。按照应缴税额＝应纳税所得额 × 适用率－速算扣除数的计算公式计算，通过将员工部分工资以福利形式发放，员工个人所得税的纳税基数可以随之减小，员工个人所得税税负可以减轻。

2. 对一次性发放的年终薪酬进行合理筹划

当企业存在一次性发放年终薪酬的情况时，企业可以通过改变年终薪酬发放策略的方式进行员工个人所得税纳税筹划，主要方式为对一次性发放的年终薪酬进行有效筹划。比如企业可以将员工一次性发放的年终薪酬按月进行发放，或者结合员工实际月度薪酬计算出一次性发放的年终薪酬各月的发放比例，之后针对不同员工个人所得税的差异进行纳税筹划。

这种纳税筹划方法能够充分结合员工的实际工作情况，减轻员工个人所得税税负。比如，当员工月工资数额比税法规定的扣除额度低时，则可以通过将员工一次性发放的年终薪酬按月计数进行发放的方式进行纳税筹划，这时员工个人所得应纳税额的计算公式为：应纳税额＝（员工当月所得全年一次性薪酬＋正常当月薪酬－费用扣除项） × 适用税率－速算扣除数。可以看出这种纳税筹划方式可以将一次性发放的年终薪酬与员工月工资进行有效结合，两者结合后对超出部分进行个人所得税税费缴纳，纳税基数可以有效减小。

3. 对其他薪酬进行有效筹划

目前，我国企业中存在员工享受企业红利、股息的情况，这部分员工收入也是个人所得税纳税筹划重点。这部分员工收入所得可以与教育基金、大病补充医疗保险基金、住房基金等进行结合，企业通过对员工享受的企业红利、股息进行筹划也可以有效减小员工的纳税基数，达到有效减轻税负的目的。

4. 充分利用国家和地方的税收优惠政策进行筹划

近年来，我国对个人所得税税法进行了多次改革，主要目的是调节社会资源分配、优化社会生产效率。在个人所得税税法的改革过程中，我国纳税人的税负得到有效减轻，社会生产活力显著提高，我国各种发展需求得到全面满足。

在这种纳税背景下，纳税人可以积极主动地与国家、各地个人所得税优惠政策结合，使个人权益得到合理的维护与体现，最大化减轻自身税负。

例如，2021年12月31日，我国财政部和税务总局发布了《财政部 税务总局关于延续实施全年一次性奖金等个人所得税优惠政策的公告》（财政部 税务总局公告2021年第42号），将全年一次性奖金等个人所得税优惠政策执行期限延长至2023年12月31日，这代表2022年和2023年居民个人依然可以享受单独计税优惠政策。那么享受这一优惠政策能够为个人减轻多少税负呢？下面通过案例进行简单了解。

案例

张某2022年取得的全年工资为120 000元，获得的一次性全年绩效奖为48 000元，不考虑"五险一金"，且张某全年无其他收入，这时如果张某不享受单独计税的优惠政策，根据我国个人所得税法规定，全年收入60 000元以上征收个人所得税，并采取合并计税方式计算，张某2022年应该缴纳的个人所得税为（120 000+48 000−60 000−12 000）×10%−2 520=7 080（元）。

如果张某享受单独计税的优惠政策，并按照单独计税方式进行纳税，根据我国发布的全年一次性奖金等个人所得税优惠政策：选择单独计税的，以全年一次性奖金收入除以12个月得到的数额，按照按月换算后的综合所得税率表，确定适用税率和速算扣除数，计算应纳税额。

这时张某个人所得税计算方法则发生了改变，48 000元一次性全年绩效奖的适用税率为10%，速算扣除数为210。张某全年一次性全年绩效奖的应纳个人所得税额为48 000×10%−210=4 590（元），而张某2022年综合所得应纳个人所得税为（120 000−60 000−12 000）×10%−2 520=2 280（元），两者相加，张某2022年全年应纳个人所得

税为 4 590+2 280=6 870（元），比不享受单独计税的优惠政策节约税费
7 080-6 870=210（元）。

可见充分利用国家和地方的税收优惠政策能够带来显著的个人所得税税负
减轻效果。不过各地优惠政策不同，结合筹划的具体情况也不相同，纳税人只
有长期关注我国个人所得税法改革与变动，全面了解个人所得税优惠政策变
动，不断进行纳税筹划的动态调整，才能保障纳税筹划效果。

2.1.1　员工个人所得税分类及税法规定

我国个人所得税税目主要分为三大类目，分别是劳务所得、经营所得和其
他所得。这三大类目下又分为九小类目，分别是工资、薪金所得，劳务报酬所
得，稿酬所得，特许权使用费所得，经营所得，利息、股息、红利所得，财产
租赁所得，财产转让所得，偶然所得。其中涉及员工个人所得税的类目主要有
工资、薪金所得，劳务报酬所得，稿酬所得，特许权使用费所得、利息、股
息、红利所得，财产租赁所得、财产转让所得、偶然所得等。

2018 年 12 月 18 日，国务院对《中华人民共和国个人所得税法实施条
例》进行了第四次修订，新修订的《中华人民共和国个人所得税法实施条例》
针对我国企业、事业单位员工的个人所得税相关的税法做出了以下解释。

《中华人民共和国个人所得税法实施条例》中第六条规定如下（部分）。

（一）工资、薪金所得，是指个人因任职或者受雇取得的工资、薪
金、奖金、年终加薪、劳动分红、津贴、补贴以及与任职或者受雇有关
的其他所得。

（二）劳务报酬所得，是指个人从事劳务取得的所得，包括从事设
计、装潢、安装、制图、化验、测试、医疗、法律、会计、咨询、讲学、
翻译、审稿、书画、雕刻、影视、录音、录像、演出、表演、广告、展览、
技术服务、介绍服务、经纪服务、代办服务以及其他劳务取得的所得。

（三）稿酬所得，是指个人因其作品以图书、报刊等形式出版、发表而取得的所得。

（四）特许权使用费所得，是指个人提供专利权、商标权、著作权、非专利技术以及其他特许权的使用权取得的所得；提供著作权的使用权取得的所得，不包括稿酬所得。

（六）利息、股息、红利所得，是指个人拥有债权、股权等而取得的利息、股息、红利所得。

（七）财产租赁所得，是指个人出租不动产、机器设备、车船以及其他财产取得的所得。

（八）财产转让所得，是指个人转让有价证券、股权、合伙企业中的财产份额、不动产、机器设备、车船以及其他财产取得的所得。

（九）偶然所得，是指个人得奖、中奖、中彩以及其他偶然性质的所得。

个人取得的所得，难以界定应纳税所得项目的，由国务院税务主管部门确定。

另外，《中华人民共和国个人所得税法》中还对免征和减征个人所得税的情况进行了明确说明。

第四条　下列各项个人所得，免征个人所得税：

（一）省级人民政府、国务院部委和中国人民解放军军以上单位，以及外国组织、国际组织颁发的科学、教育、技术、文化、卫生、体育、环境保护等方面的奖金；

（二）国债和国家发行的金融债券利息；

（三）按照国家统一规定发给的补贴、津贴；

（四）福利费、抚恤金、救济金；

（五）保险赔款；

（六）军人的转业费、复员费、退役金；

（七）按照国家统一规定发给干部、职工的安家费、退职费、基本养老金或者退休费、离休费、离休生活补助费；

（八）依照有关法律规定应予免税的各国驻华使馆、领事馆的外交代表、领事官员和其他人员的所得；

（九）中国政府参加的国际公约、签订的协议中规定免税的所得；

（十）国务院规定的其他免税所得。

前款第十项免税规定，由国务院报全国人民代表大会常务委员会备案。

第五条　有下列情形之一的，可以减征个人所得税，具体幅度和期限，由省、自治区、直辖市人民政府规定，并报同级人民代表大会常务委员会备案：

（一）残疾、孤老人员和烈属的所得；

（二）因自然灾害遭受重大损失的。

国务院可以规定其他减税情形，报全国人民代表大会常务委员会备案。

《中华人民共和国个人所得税法》中对应纳个人所得税数额的计算进行了明确规定。

第六条　（一）居民个人的综合所得，以每一纳税年度的收入额减除费用六万元以及专项扣除、专项附加扣除和依法确定的其他扣除后的余额，为应纳税所得额。

（二）非居民个人的工资、薪金所得，以每月收入额减除费用五千元后的余额为应纳税所得额；劳务报酬所得、稿酬所得、特许权使用费所得，以每次收入额为应纳税所得额。

（三）经营所得，以每一年纳税年度的收入总额减除成本、费用以及损失后的余额，为应纳税所得额。

（四）财产租赁所得，每次收入不超过四千元的，减除费用八百元；四千元以上的，减除百分之二十的费用，其余额为应纳税所得额。

（五）财产转让所得，以转让财产的收入额减除财产原值和合理费用后的余额，为应纳税所得额。

（六）利息、股息、红利所得和偶然所得，以每次收入额为应纳税所得额。

劳务报酬所得、稿酬所得、特许权使用费所得以收入减除百分之二十的费用后的余额为收入额。稿酬所得的收入额减按百分之七十计算。

个人将其所得对教育、扶贫、济困等公益慈善事业进行捐赠，捐赠额未超过纳税人申报的应纳税所得额百分之三十的部分，可以从其应纳税所得额中扣除；国务院规定对公益慈善事业捐赠实行全额税前扣除的，从其规定。

本条第一款第一项规定的专项扣除，包括居民个人按照国家规定的范围和标准缴纳的基本养老保险、基本医疗保险、失业保险等社会保险费和住房公积金等；专项附加扣除，包括子女教育、继续教育、大病医疗、住房贷款利息或者住房租金、赡养老人等支出，具体范围、标准和实施步骤由国务院确定，并报全国人民代表大会常务委员会备案。

第七条　居民个人从中国境外取得的所得，可以从其应纳税额中抵免已在境外缴纳的个人所得税税额，但抵免额不得超过该纳税人境外所得依照本法规定计算的应纳税额。

《中华人民共和国个人所得税法》中涉及的个人所得税税率表如表 2-1 所示。

表 2-1　个人所得税税率表（综合所得适用）

级数	全年应纳税所得额	税率 /%
1	不超过 36 000 元的	3
2	超过 36 000 元至 144 000 元的部分	10
3	超过 144 000 元至 300 000 元的部分	20
4	超过 300 000 元至 420 000 元的部分	25
5	超过 420 000 元至 660 000 元的部分	30
6	超过 660 000 至 960 000 元的部分	35
7	超过 960 000 元的部分	45

注：本表所称全年应纳税所得额是指依照本法① 第六条的规定，居民个人取得综合所得以每一纳税年度收入额减除费用六万元以及专项扣除、专项附加扣除和依法确定的其他扣除后的余额。

除此之外，《中华人民共和国个人所得税法实施条例》中与个人所得税相关的规定及司法解释还有几条，如实物所得如何纳税等。从《中华人民共和国个人所得税法实施条例》中的各项明确规定中可以看出，我国个人所得税法对企业、事业单位员工的个人所得税纳税情况进行了全面细致的分析，充分考虑到纳税人的各种纳税实际。详细了解以上税法规定是我国企业、事业单位员工进行个人所得税纳税筹划的基础，个人所得税纳税筹划策略需要针对以上规定，并结合地方政策开展，如此才能够确保个人所得税纳税筹划合理、合法、有效。

2.1.2　个人所得税 9 种特殊计算方法及案例

我国个人所得税会涉及很多特殊的纳税情况，熟知这些纳税情况需要运用到各种个人所得税计算方法，通过有效的纳税筹划，纳税人的个人所得税税负才可以有效减轻。9 种个人所得税的特殊计算方法及部分案例如下。

1.　一次性年终奖金的个人所得税计算方法

全年一次性奖金是指行政机关、企业事业单位根据全年经济效益对员工全

---

① 本法指《中华人民共和国个人所得税法》。

年工作业绩进行综合考量后，向员工发放的一次性奖金，这笔奖金主要包括年终奖、年终加薪等，同时包括按照年薪制和绩效工资发放办法，根据员工考评情况发放的年薪和绩效工资。

根据我国个人所得税法规定，对员工个人取得的全年一次性奖金，按照单独一个月工资、薪金所得进行纳税计算。不过考虑到这部分收入与员工年度工作业绩紧密相关，同时这部分收入的数额较大，所以这部分收入在计算税款时采用一些方法进行计税，以此减轻纳税人税负。

按照我国税法相关规定，员工全年一次性奖金纳税的计算步骤分为两步。

第一步，将员工收到的全年一次性奖金除以12，按其商数确定该员工需要缴纳的个人所得税的税率和速算扣除数。

使用这种方式时，如果该员工当月工资、薪金所得低于税法规定的费用减除标准，则将该员工全年一次性奖金减除个人当月工资、薪金所得与费用减除标准的差额后的余额除以12，按其商数确定该员工需要缴纳的个人所得税的税率和速算扣除数。该员工当月个人所得税税额计算公式如下。

应纳税额＝（个人当月取得全年一次性奖金－个人当月工资、薪金所得与费用减除标准的差额）×适用税率－速算扣除数

如果该员工当月工资、薪金所得高于（或等于）税法规定的费用减除标准，则按照第二步进行个人所得税税率和速算扣除数的选择。

第二步，将员工收到的全年一次性奖金除以12，按其商数确定该员工需要缴纳的个人所得税的税率和速算扣除数。如果该员工当月工资、薪金所得高于（或等于）税法规定的费用减除标准，按照我国现行税法规定，该员工当月个人所得的个人所得税税额计算公式如下。

应纳税额＝个人当月取得全年一次性奖金×适用税率－速算扣除数

对员工年终一次性奖金进行个人所得税纳税计算时需要注意，按照我国现行税法规定，在一个纳税年度内，该计税方法对每一个纳税人只允许采用一次，如果该员工采用年薪制和绩效工资制享受行政部门、企业事业单位待遇，

个人年终兑现的年薪和绩效工资所得同样按照上述方法执行。如果员工除全年一次性奖金，还取得了半年奖、季度奖、加班奖金、考勤奖等其他奖金，一律与当月工资、薪资合并为当月收入，按照税法规定的计税方法执行。

案例

张某是 A 公司的员工，2022 年 1 月，张某收入情况如下：当月工资为 3 000 元，年终奖 20 000 元，无其他收入。那么按照我国现行个人所得税法，张某当月应缴纳的个人所得税税额如何计算？

这种情况下，张某所得年终奖是 A 公司根据张某全年工作业绩情况发放的全年一次性奖金，计算张某当月应缴纳个人所得税税额首先需要确定张某年终奖的适用税率与速算扣除数，然后再计算应纳税款的实际数额。张某月工资 3 000 元，按照我国现行税法规定，张某工资明显低于税法规定的 5 000 元费用减除标准，故张某每月平均奖金为 [20 000-（5 000-3 000）]÷12=1 500（元），对照我国个人所得税法规定的税率表可以得出，张某适用的税率和速算扣除数分别为 10%、210。

之后再计算张某当月需要缴纳的个人所得税税额，按照应纳税额=（个人当月取得全年一次性奖金-个人当月工资、薪金所得与费用减除标准的差额）×适用税率-速算扣除数的计算公式计算，张某 2022 年 1 月应缴纳个人所得税税额为 [20 000-（5 000-3 000）]×10%-210=18 000×10%-210=1 590（元）。

2. 员工低价购房差价部分的个人所得税计算方法

按照我国现行税法规定，行政部门、企业事业单位用低于购置或建造成本的价格将房产出售给员工，员工因此少支付的差价部分也需要缴纳个人所得税，这部分差价个人所得税纳税计算方式按照员工"工资、薪金所得"项目比照全年一次性奖金的征税方法计算。不过需要注意的是，员工享受行政部门、企业事业单位低价购房福利而少支出的差价部分，主要指员工实际支付的购房价与该房屋购置或建造成本价格的差额，但不包括住房制度改革时期的免税差价收益。

只有明确这一点，行政部门、企业事业单位才能在合理合法范围内进行员工个人所得税纳税筹划。

3. 年薪制员工薪金收入的个人所得税计算方法

目前，我国部分企业核心员工的薪金收入构成由基础薪资、绩效薪金、任期奖励构成，其中基础薪资和 60% 的绩效薪金按年发放，剩余的 40% 绩效薪金与任期奖励于该核心员工任期结束后发放。按照我国现行税法规定，对于该核心员工每年发放的薪酬需要按照"工资、薪金所得"项目，按月计算征收个人所得税，而核心员工任期结束后获取的 40% 绩效薪金以及任期奖励，按照全年一次性奖金的计算方式计算，之后合并计算个人所得税。

目前，适用这一规定的企业主要为我国中央企业或国有企业，且这一规定仅适用于国资委管理的中央企业名单中明确规定的人员，其他人员不得比照上述方式进行个人所得税税额计算。

4. 特定行业工资、薪金收入的个人所得税计算方式

我国现行税法规定，我国采掘业、远洋运输业、远洋捕捞业等三个行业的企业经营效益具有明显的季节性，从事这三个行业的员工各月收入存在较大差距，所以对这三个行业员工工资、薪金的计税方式按照以下特殊规定执行。

（1）从事采掘业、远洋运输业、远洋捕捞业的员工，取得的工资、薪金以及全年一次性奖金收入采取按年计算、分月预缴的方式计算个人所得税税额。

（2）鉴于远洋运输业有跨国流动的特点，从事远洋运输业的员工在每月工资、薪金收入计税时，允许在统一扣除费用基础上，再加扣税法规定的附加减除费用。另外，由于从事远洋运输业的员工的伙食费统一用于集体用餐，不会发放到个人手中，所以该部分收入不计入从事远洋运输业员工的应纳税收入当中。

案例

王某是从事采掘行业的工人。王某工作期间每年 4—11 月月工资、薪金收入为 3 500 元，其他月份每月工资、薪金收入为 8 000 元，除此之外无其他收入。在不考虑其他因素的前提下，应该如何计算王某每月预缴税款和年度汇缴个人所得税税款？

按照我国现行税法规定，王某从事的行业属于特定行业，工资、薪金收入的个人所得税计算方式应该为按年计算，按月分缴。由此可得，王某每年 4—11 月不需要扣缴税款。其他四个月需要扣缴税款，由我国税法中的税率表，得出王某适用的税率和速算扣除数分别为 10%、210。因此王某其他四个月每月应扣缴的税款为（8 000-5 000）×10%-210=90（元），四个月合计扣缴税款为 90×4=360（元）。

之后再计算王某按年计算汇缴税款的金额，王某平均每月薪金收入为（3 500×8+8 000×4）÷12=5 000（元）。所以王某不用缴税。

5. 企业年金缴费的个人所得税计算方法

《企业年金办法》是我国人力资源和社会保障部与财政部于 2017 年发布的文件。企业年金是我国企业员工享受的一种劳动福利，也是个人养老待遇的一种提升。根据《企业年金办法》内容，企业年金的缴费形式与基本养老保险的缴费形式相同，建立年金制度的企业和员工需要向有关管理机构分别缴纳保险费用，缴费金额由企业和员工共同商议决定。

6. 提前退休人员取得补贴收入的个人所得税计算

财政部、国家税务总局发布的《财政部 国家税务总局关于基本养老保险费 基本医疗保险费 失业保险费 住房公积金有关个人所得税政策的通知》规定，个人实际领（支）取原提存的基本养老保险金、基本医疗保险金、失业保险金和住房公积金时，免征个人所得税。但没有达到机关、企业单位要求的法定退休年龄，却正式办理了提前退休手续的个人，并按照统一标准领取了一次性补贴的，这部分补贴收入则需要缴纳个人所得税。

7. 解除劳动合同获得经济赔偿的个人所得税计算方法

按照我国现行税法规定，因个人原因与行政机关、企业事业单位解除劳动合同而取得的一次性经济赔偿，这部分收入在计算个人所得税时可以享受一定的税收政策优惠。值得注意的是，这部分收入包括行政机关、企业事业单位对解除劳动合同人发放的经济补偿金、生活补助和其他补助等。

按照我国现行税法规定，当这部分一次性经济补偿在当地上年职工平均工资 3 倍数额以内时，这部分一次性经济补偿免征个人所得税。当这部分一次性经济补偿超过当地上年职工平均工资 3 倍数额时，超过的部分需按照一次取得数月的工资、薪资收入进行平均后计税，不过允许在一定的期限内缴纳。具体计算方法为，当事人取得的一次性经济补偿收入减去当地上年职工平均工资 3 倍数额后除以当事人在该行政机关或企业事业单位的工作年限数，其商数为个人所得月工资、薪资收入标准，按照这一标准进行个人所得税计税。

这种计税方式有两个重点：一是解除劳动合同当事人的工作年限数如超过 12，一律按照 12 计算；二是解除劳动合同当事人领取一次性经济补偿收入时，按照我国现行税法实际缴纳的住房公积金、基本医疗保险费、基本养老保险费、失业保险费等，可以在个人所得税缴纳前进行扣除。

案例

李某在 B 公司工作了 16 年，2022 年李某因个人原因与 B 公司解除了劳动合同，B 公司一次性向李某支付了 19 万元经济补偿，另外还为李某缴纳了 1 万元的住房公积金、基本养老保险费及失业保险费。那么李某这部分一次性经济补偿收入应该如何计算个人所得税？

首先，李某虽然获得了 19+1=20（万元）一次性经济补偿收入，但其中的 1 万元是 B 公司为李某缴纳的住房公积金、基本养老保险费及失业保险费，这部分收入可以进行个人所得税税前扣除，所以李某这部分一次性经济补偿收入应该按照 19 万元计算。

其次，按照 B 公司所在地上年的职工平均工资为 2 万元计算。李某这部分一次性经济补偿收入的免纳个人所得税的补偿金为 2×3=6（万元），应纳个人所得税的补偿金为 19-6=13（万元）。

最后，李某在 B 公司工作了 16 年，根据上述规定超过 12 年的一律按 12 年计算，所以李某每月应纳税所得额为（130 000÷12）-5 000=5 833.33（元），根据我国现行税法规定，李某这部分一次性经济补偿收入适用的税率为 10%，速算扣除数为 210，所以李某每月应纳税款为 5 833.33×10%-210=373.333（元），这部分一次性经济补偿应纳税额为 373.333×12=4 479.996（元）。

8. 一次性内部退养收入的个人所得税计算方法

目前，我国行政机关、企业事业单位等有一部分职工可以享受内部退养的福利待遇，享受内部退养的个人在办理内部退养手续后一般会收到一笔一次性内部退养经济补偿，这部分一次性收入同样不属于我国现行税法规定的离休人员工资收入，需要按照"工资、薪金所得"项目缴纳个人所得税。

一次性内部退养经济补偿收入个人所得税计算方法与提前退休一次性经济补偿收入个人所得税计算方法不同，这部分一次性收入的个人所得税计算方法较为复杂。

按照办理内部退养的职工取得的一次性经济补偿收入为被除数，当事人法定退休日期减去办理内部退养手续日期所得时间段内所有月份数为除数，所得数与领取当月工资、薪金所得合并后，减除当月费用减除标准之后的差为基数，确定该当事人个人所得税的适用税率与速算扣除数，最后将当月工资、薪金加上一次性内部退养经济补偿收入，减去费用减除标准，再按照确定的税率与速算扣除数计算。

具体计算方法为先确定办理内部退养当事人适用的税率与速算扣除数，计算公式为：

相应缴税基数 = 当事人获得的一次性经济补偿收入 ÷（当事人法定退休日期 - 办理提前退休手续日期）的实际月份数 + 当月工资、薪金 - 费用减除标准

计算出上述基数后根据我国现行税法的所得税税率表，确定适用的税率与速算扣除数，之后再计算应纳税款。应纳税款的计算公式为：

应纳税款 =（当事人获得的一次性内部退养经济补偿收入 + 当月工资、薪金 - 费用减除标准）× 适用税率 - 速算扣除数

9. 个人独资、合伙企业投资者应纳税款的核定

根据我国《企业所得税核定征收办法（试行）》规定，个人独资、合伙企业核定征收企业所得税的情形如下。

第三条　纳税人具有下列情形之一的，核定征收企业所得税：

（一）依照法律、行政法规的规定可以不设置账簿的；

（二）依照法律、行政法规的规定应当设置但未设置账簿的；

（三）擅自销毁账簿或者拒不提供纳税资料的；

（四）虽设置账簿，但账目混乱或者成本资料、收入凭证、费用凭证残缺不全，难以查账的；

（五）发生纳税义务，未按照规定的期限办理纳税申报，经税务机关责令限期申报，逾期仍不申报的；

（六）申报的计税依据明显偏低，又无正当理由的。

《企业所得税核定征收办法（试行）》还有以下规定。

第四条　税务机关应根据纳税人具体情况，对核定征收企业所得税的纳税人，核定应税所得率或者核定应纳所得税额。

具有下列情形之一的，核定其应税所得率：

（一）能正确核算（查实）收入总额，但不能正确核算（查实）成本费用总额的；

（二）能正确核算（查实）成本费用总额，但不能正确核算（查实）收入总额的；

（三）通过合理方法，能计算和推定纳税人收入总额或成本费用总额的。

纳税人不属于以上情形的，核定其应纳所得税额。

我国《企业所得税核定征收办法（试行）》还规定我国税务机关征收企业所得税的方法如下。

第五条　税务机关采用下列方法核定征收企业所得税：

（一）参照当地同类行业或者类似行业中经营规模和收入水平相近的纳税人的税负水平核定；

（二）按照应税收入额或成本费用支出额定率核定；

（三）按照耗用的原材料、燃料、动力等推算或测算核定；

（四）按照其他合理方法核定。

采用前款所列一种方法不足以正确核定应纳税所得额或应纳税额的，可以同时采用两种以上的方法核定。采用两种以上方法测算的应纳税额不一致时，可按测算的应纳税额从高核定。

根据我国《企业所得税核定征收办法（试行）》规定，个人独资、合伙企业应纳所得税额计算公式如下：

应纳所得税额 = 应纳税所得额 × 适用税率

应纳税所得额 = 应税收入额 × 应税所得率

或：应纳税所得额 = 成本（费用）支出额 /（1-应税所得率）× 应税所得率

按照我国《企业所得税核定征收办法（试行）》规定，个人独资、合伙企业应税所得率按应税所得率表规定的幅度标准确定，如表2-2所示。

表2-2　应税所得率表

行业	应税所得率 /%
农、林、牧、渔业	3~10
制造业	5~15
批发和零售贸易业	4~15
交通运输业	7~15
建筑业	8~20
饮食业	8~25
娱乐业	15~30
其他行业	10~30

在个人独资、合伙企业投资者进行个人所得税核定时，根据我国《企业所得税核定征收办法（试行）》规定，需要注意以下内容：实行应税所得率方式核定征收企业所得税的纳税人，经营多业的，无论其经营项目是否单独核算，均由税务机关根据其主营项目确定适用的应税所得率。

2.1.3　员工激励机制的纳税筹划

目前，个人所得税的纳税筹划已经成为众多企业事业单位用于激励员工、提高员工待遇的有效措施，尤其对行政机关、企业事业单位的高级管理人员而言，有效的纳税筹划可以成功减轻员工税负，大幅提升员工的福利待遇，所以越来越多的企业对员工激励机制的纳税筹划进行深入研究。

结合我国当前的税收环境，可以看出越来越多的企业按照其发展规划，开始向员工发放认股权证，或者给予员工一些当员工工作年限满足要求后可以享受按内部价格认购该企业股票的权利。部分企业主动向达到一定工龄的优秀员工折价转让其持有的其他企业的股票，或者按照一定比例为优秀员工承担其股票等有价证券投资。这些吸引人才、激励员工的企业发展措施直接关系到员工的福利待遇问题，越来越多的员工开始关心个人所得税的纳税筹划。

员工进行个人所得税纳税筹划会产生一定的筹划成本，且没有企业的帮助，个人所得税的筹划空间较小，承担风险较大。所以，大多数企业会充分考虑员工收入与税负的关系，结合企业发展实际情况制定激励员工的纳税筹划方案。

从员工角度出发，按照我国现行税法计算，如果员工收入水平不满足个人所得税起征点，或者承担税负较轻，绝大多数员工在工资与期权之间会选择工资形式的发放方式。因为工资属于既定收入，具有较强的稳定性与固定性，而期权则存在各种不稳定因素，选择以期权方式获得个人收入存在一定风险。

但如果员工收入水平较高，需要承担较重税负时，这时员工则需要衡量是选择工资发放方式还是期权发放方式，因为我国现行个人所得税法规定，超过个人所得税起征点的部分根据实际收入情况按 3% 到 45% 的七级超额累进税率缴纳个人所得税，这时如果员工还单纯选择工资方式获取收入，则其需要缴纳高额的税费。而期权可以在财产转让所得，利息、股息、红利所得等征税项目中进行有效筹划，进而减轻一定税负，所以大部分员工愿意选择"工资 + 期权"的方式获得个人收入。

针对这种情况，企业更便于制定员工激励政策，在帮助员工减轻税负的同时将员工业绩与企业发展关联，从而取得更好的发展。

2.2　环境保护税纳税筹划

最先出现环境保护税的国家是英国，这一税种最早由英国经济学家阿瑟·塞西尔·庇古在20世纪提出，由此很多国家开始逐渐减少环保政策的直接干预手段，越来越多地对污水、废气、噪声等环境显性污染进行强制征税，之后利用环境保护税改善生态环境保护效果。

我国实施环境保护税的时间较晚，直至2018年1月1日，我国才正式施行《中华人民共和国环境保护税法》。不过这一税法颁布后，对我国纳税人的纳税环境产生了较大影响，针对环境保护税开展的纳税筹划不断增多。其中环保企业拥有更大的纳税筹划空间，因为这类企业可以享受一定的税收政策优惠。

从我国现阶段的纳税环境分析，无论是个人所得税还是环境保护税，各种税收中都包含大量优惠政策，这些优惠政策的实施为促进我国科技进步、增强社会基础建设、鼓励经济发展、提升环境保护与节能减排效果、统筹区域经济、推动公益事业进步，以及照顾社会弱势群体等提供了帮助。

多年来，环境保护产业为我国社会生产与大众生活长期提供生态环境保护，随着我国加强对绿色发展的重视，环保产业逐渐发展成为战略性新兴产业。这一产业对我国绿色技术进步、增加环保设施投资、促进生态环境产品消费提供了重要支撑，从当前的发展形势中可以看出，环保产业正发展成为我国重要的新兴经济增长点。

通过对《中华人民共和国环境保护税法》以及其他相关税法的分析，可以得出我国环保企业可以分为环保技术装备、资源综合利用和环境服务三类。环保企业可以享受的税收优惠政策主要包括免税、税收减免、加计扣除、减计收入、税收抵免、低税率等多项政策，且随着我国对绿色发展的不断重视，各项政策优惠力度还在不断加大。

根据我国现行税法规定，环保企业享受的税收优惠政策主要体现在增值税、企业所得税和资源税上。按照环保企业分类，结合我国现行各项税法规定，我国环保企业能够享受到的税收优惠政策情况如下。

1. 环保技术装备企业

根据我国税务部门出台的相关政策规定，国家对环保技术装备企业增值税提供 50% ~ 70% 的财政扶持，对企业所得税提供 50% ~ 70% 的财政扶持。具体优惠政策如下。

（1）增值税优惠政策。对提供技术研发和服务业务而创造的收入享受财政扶持。对进口部分废气、废水治理、污泥处理等重大技术设备及其关键零部件、原材料免征增值税和关税，其中，涵盖 17 类大型环保及资源综合利用设备等，涉及烟气脱硝成套设备、湿式电除尘器等大气污染治理设备、废水治理设备、资源综合利用设备等环保技术装备和产品。企业购进或自制固定资产发生的进项税额，可凭相关凭证从销项税额予以抵扣。

（2）企业所得税优惠政策。对技术转让收入 500 万元以下部分免征相应的所得税。企业购置并实际使用《环境保护专用设备企业所得税优惠目录（2017 年版）》（共包含水污染防治设备、大气污染防治设备、土壤污染防治设备、固体废物处置设备、环境监测专用仪器仪表、噪声与振动控制六大类 24 项设备）和《安全生产专用设备企业所得税优惠目录》规定的环境保护、节能节水、安全生产等专用设备的投资额按一定比例实行税额抵免。

另外，根据《中华人民共和国企业所得税法》《企业所得税优惠政策事项办理办法》及其他相关政策规定，我国科技型企业在开发新技术、新产品、新工艺发生的研究开发费用加计扣除。

2. 资源综合利用企业

根据国家税务总局、财政部发布的《财政部 税务总局关于完善资源综合利用增值税政策的公告》（财政部 税务总局公告 2021 年第 40 号）及《资源综合利用产品和劳务增值税优惠目录》规定，我国资源综合利用企业享受的优惠政策如下。

（1）增值税优惠政策。根据《财政部 国家税务总局关于印发〈资源综合利用产品和劳务增值税优惠目录〉的通知》（财税〔2015〕78号）规定，纳税人销售自产的资源综合利用产品和提供资源综合利用的劳务（以下称销售综合利用产品和劳务），可享受增值税即征即退政策。对销售下列自产货物实行增值税即征即退的政策：

①以工业废气为原料生产的高纯度二氧化碳产品；

②以垃圾为燃料生产的电力或者热力；

③以煤炭开采过程中伴生的舍弃物油母页岩为原料生产的页岩油；

④以废旧沥青混凝土为原料生产的再生沥青混凝土；

⑤采用旋窑法工艺生产并且生产原料中掺兑废渣比例不低于30%的水泥（包括水泥熟料）。

根据国家税务总局发布的《资源综合利用产品和劳务增值税优惠目录》等政策规定，我国综合利用废渣、工业污泥、废气生产的建筑材料、水泥、生物柴油等产品，可享受增值税即征即退70%的优惠，自产自销废物综合利用产品的企业实行即征即退50%的优惠，从事电子废物拆解利用、废催化剂、电镀废弃物冶炼提纯等活动的企业实行即征即退30%的优惠。

（2）企业所得税优惠政策。根据《中华人民共和国企业所得税法》《中华人民共和国企业所得税法实施条例》规定，以《资源综合利用企业所得税优惠目录》规定资源作为主要原材料的企业，生产国家非限制和非禁止并符合国家及行业相关标准的产品取得的收入，减按90%计入企业当年收入总额。

3. 环境服务企业

《财政部 税务总局关于完善资源综合利用增值税政策的公告》等政策规定，环境服务企业可享受的税收优惠政策主要有以下内容。

符合条件的增值税一般纳税人销售下列自产的资源综合利用产品，可享受增值税即征即退 30%～100% 比例的优惠。

（1）利用共、伴生矿产资源生产的产品，如：页岩油、乳化油调和剂、防水卷材辅料产品等；

（2）利用废渣、废水（液）、废气生产的产品，如：砖瓦（不含烧结普通砖）、砌块、陶粒、保温材料、微晶玻璃、水泥、柴油、石膏、硫酸等；

（3）利用再生资源生产的产品，如：稀土金属、冰晶石、炼钢炉料、纸浆、再生橡胶、翻新轮胎等；

（4）利用农林剩余物及其他生产的产品，如：沼气、纤维板、生物炭、活性炭、木糖等。

符合条件的增值税一般纳税人提供下列资源综合利用劳务，可享受增值税即征即退 70% 比例的优惠。

（1）垃圾处理、污泥处理处置劳务；

（2）污水处理劳务；

（3）工业废气处理劳务。

在企业所得税优惠政策方面，根据《中华人民共和国企业所得税法实施条例》规定，符合环境保护、节能节水项目的一般纳税人可以享受"三免三减半"所得税优惠，即自企业该项目取得第一笔生产经营收入所属纳税年度起，第一年至第三年免征企业所得税，第四年至第六年减半征收企业所得税。

在环境保护税优惠政策方面，根据《中华人民共和国环境保护税法》第十二条的规定，依法设立的城乡污水集中处理、生活垃圾集中处理场所排放相应应税污染物，不超过国家和地方规定的排放标准的，暂予免征环境保护税。

4. 环保企业相关的其他税收优惠政策

目前，我国存在大量税收洼地地区，这类地区非常欢迎环保企业入驻，为此推出了各类税收优惠政策。环保企业无论到此注册新公司、设立分公司，还是直接迁移到该地都可以享受一定程度的增值税和企业所得税的财政扶持政策，这也是我国环保企业当前可以享受的一项政策福利。

另外，环保企业还可以享受各地环保产业园区的税收优惠政策，各地环保产业园区因地域差异，其实施的税收优惠政策也存在不同，不过对我国环保企业的扶持力度都较大。

2.2.1 环保企业所得税减免政策的应用

近年来，随着我国绿色可持续发展战略的推进，环保行业受到国家的大力扶持，环保企业享受的税收优惠政策越发全面。下面，我们就来分析环保企业所得税减免政策的应用方式。

目前，我国环保企业在所得税方面整体享受的优惠政策有以下几种。

（1）根据《中华人民共和国企业所得税法》《中华人民共和国企业所得税法实施条例》规定，购置并实际使用《资源综合利用企业所得税优惠目录》、《节能节水专用设备企业所得税优惠目录》和《安全生产专用设备企业所得税优惠目录》范围内的环境保护、节能节水、安全生产专用设备的企业，这部分设备的投资额的 10% 可以抵免当年企业所得税应纳税额。

（2）根据《中华人民共和国企业所得税法实施条例》规定，企业符合环境保护、节能节水项目条件的可以享受"三免三减半"所得税优惠。

（3）根据《中华人民共和国企业所得税法》《中华人民共和国企业所得税法实施条例》规定，我国符合规定条件的节能服务公司实施合同能源管理项目，自项目取得第一笔生产经营收入所属纳税年度起，第一年至第三年免征企业所得税，第四年至第六年按照 25% 的法定税率减半征收企业所得税。

环保企业享受各项税收优惠政策按照"自行判别、申报享受、相关资料留存备查"的方式进行办理，缴税方式也比较自由，季度预缴和年度汇算清缴都可以。享受这些税收优惠政策的企业可以根据《中华人民共和国企业所得税法》《中华人民共和国企业所得税法实施条例》规定，按照以下流程进行申报办理。

1. 企业留存备查资料以便税务部门审核

企业需要留存的备查资料主要包括以下四种。

（1）证明环保企业符合我国《环境保护、节能节水项目企业所得税优惠目录》规定范围、条件和标准的相关资料。

（2）环保企业环境保护、节能节水项目取得的第一笔生产经营收入的凭证。注意一定要保存原始凭证和账务处理凭证。

（3）环保企业环境保护、节能节水项目所得收入分项目的核算资料，以及该项目合理分摊期间共同费用的核算资料。

（4）环保企业项目权属变动情况的说明资料，转让方享受优惠情况的说明资料。

2. 填列申报表

环保企业选择不同缴税方式，所得税减免优惠表填写方式也不相同。

（1）按照年度汇算清缴方式缴税的环保企业在填写《所得减免优惠明细表》时需注意，企业享受的优惠在"符合条件的环境保护、节能节水项目"行次中，享受时间为自企业该项目取得第一笔生产经营收入的年度。依次填写该项目的"项目收入""项目成本""相关税费"等列次，然后计算出"项目所得额"，并得出"减免所得额"。

其中"项目所得额"的计算公式为：

项目所得额 = 项目收入 − 项目成本 − 相关税费 − 应分摊期间费用 + 纳税调整额

"减免所得额"的计算公式为：

减免所得额 = 免税项目 + 减半项目 ×50%

（2）按照季度预缴方式缴税的环保企业在填列申报表时需注意，在主表中找出"从事符合条件的环境保护、节能节水项目的所得定期减免企业所得税"（位置在主表第 8 行的下级行次中），之后在"本年累计"列次填写计算后的减免所得额。

3. 等待税务部门审核

完成申报表填列并提交，在税务部门审核无异议后，环保企业则可以直接享受相关税收优惠政策。

案例

D 公司是一家 2018 年注册的公共污水处理公司，该公司 2018 年投产后发生了第一笔生产经营收入，当年年度应纳税所得额为 800 万元，2019 年应纳税所得额为 1 500 万元，那么这两年 D 公司应纳税额如何计算，D 公司又能享受哪些税收优惠政策？

按照《中华人民共和国企业所得税法》和《中华人民共和国企业所得税法实施条例》规定，D 公司可以享受"三免三减半"税收优惠政策，由于 D 公司第一笔生产经营收入发生在 2018 年，所以 D 公司 2018 年、2019 年、2020 年这三年无须缴纳企业所得税。

2.2.2 环保企业投资抵免政策的应用

我国现行税法规定，环保企业购置并实际使用《环境保护专用设备企业所得税优惠目录》、《节能节水专用设备企业所得税优惠目录》和《安全生产专用设备企业所得税优惠目录》中规定的环境保护、节能节水、安全生产等专用设备时，企业在该专用设备的投资额的 10% 可以从企业当年的应纳税额中抵免，如果当年不足抵免还可以在以后 5 个纳税年度结转抵免。

比如环保企业 A 在 2022 年 10 月购置并实际使用了《环境保护专用设备企业所得税优惠目录》中规定的专用设备，在 2022 年计算税额抵免时，2022 年应纳税额不足抵免，A 企业则可以向后结转至 2027 年。

从环保企业享受投资抵免的优惠政策中可以看出，我国税务部门对环保产业的发展越发重视，且对环保企业的扶持力度正在不断加大。不过我国环保企业在享受这项优惠政策时需要注意，这些专用设备不仅要购置，还需要实际使用才能享受优惠政策。如果企业购置环保专业设备 5 年内将设备进行了转让、出租，则需要及时停止享受相关税收优惠政策，并补缴已经抵免的企业所得税税款。

环保企业享受投资抵免优惠政策的办理方式与享受所得税减免优惠政策的办理方式类似，都是按照"自行判别、申报享受、相关资料留存备查"的方式办理，不同的是，环保企业需要准备购买并自身投入使用的专用设备清单及发票、以融资租赁方式取得的专用设备的合同或协议、专用设备属于相关优惠目录中的具体项目的说明、专用设备实际投入使用时间的说明等资料进行留存备查，再按照前文提到的方法进行申报表填列。

案例

X 公司是一家煤矿企业，2020 年该公司自行筹集资金投资购置了一套环境保护专用设备，经过税务机关审核确认，X 公司购置的环境保护设备符合投资抵免所得税优惠条件。那么 X 公司 2020 年应纳税额应该如何计算？ X 公司能够享受哪些税收优惠政策？

据悉，X 公司购买的这套环境保护专用设备价值 600 万元，增值税 78 万元，合计 678 万元，购置该套设备时设备发票当月已经认证抵扣。不过 X 公司运输、安装该套设备又花费了 55 万元，而 X 公司 2020 年应纳税所得额为 3 000 万元。

按照上述条件，结合我国现行税法规定，X 公司适用的税率为 25%，2020 年应纳税额为 $3\,000 \times 25\% = 750$（万元）。不过需要注意的是，虽然 X 公司购置、运输、安装环保专用设备共花费了 $678 + 55 = 733$（万元），但只有该设备的投资额 600 万元符合抵免条件，该专用设备抵扣的进项税、运费及安装费并不能享受税收优惠政策。所以 X 公司购置该专用设备的投资额抵免限额为 $600 \times 10\% = 60$（万元）。由此得出，X 公司 2020 年实际应该缴纳的企业所得税税额为 $750 - 60 = 690$（万元）。

2.2.3　环保企业减计收入计算所得税政策的应用

近年来，在我国促进社会经济高质量发展及节能减排的税收政策推动下，我国环保产业税收环境得到大幅优化，除能享受减免企业所得税、投资抵免优惠政策外，还能够享受减计收入计算所得税优惠政策。

根据《中华人民共和国企业所得税法实施条例》规定，环保企业在计算所得税时，以《资源综合利用企业所得税优惠目录》规定的资源作为主要原材料，生产国家非限制和禁止并符合国家和行业相关标准的产品取得的收入，减按 90% 计入收入总额，原材料占生产产品材料的比例不得低于《资源综合利用企业所得税优惠目录》规定的标准，这代表环保企业可以享受 10% 的减计比例。

环保企业享受减计收入计算所得税优惠政策的操作流程如下。

（1）环保企业准备留存备查资料并填写纳税申报表。按照"自行判别、申报享受、相关资料留存备查"的方式办理，环保企业先准备相关留存备查的资料，之后填写纳税申报表，向主管税务机关办理纳税申报。

（2）税务机关受理环保企业申请后对该企业的相关申报材料进行审核。如果该企业各项申报材料齐全、无误，税务机关随后将确定该企业当年度应纳所得税额及应当补缴的所得税税款，或者对该企业多缴的企业所得税税款进行退还。

（3）环保企业进行主动纠正申报错误。如果环保企业在年度终了后 4 个月内办理年度纳税申报，发现申报项目中存在错误，可以根据《企业所得税汇算清缴管理办法》的相关规定向税务机关主动申报纠正错误，税务机关根据环保企业纠正错误情况调整该企业全年应纳税所得额，并确定该企业应补税额或应退税额。

（4）如申报无误，环保企业进行税款结清。如果环保企业申报的各项内容无误，且税务机关根据环保企业申报情况确定了全年应纳所得税税额，应补、应退税额，在年度终了后 4 个月内环保企业需要清缴税款。对于环保企业预缴税款少于全年应交税款的，环保企业需要在年度终了后 4 个月内将应补缴的税款缴清；同理，环保企业预缴税款超过全年应交税款的，税务机关应及时办理抵税和退税手续。

如果环保企业在汇算清缴期间出现因特殊原因无法按期缴纳税款的，环保企业应当在缴纳税款期限届满前及时、主动向主管税务部门提出申请，以获得主管税务部门延期缴纳税款的批准，但延期时间最长不得超过 3 个月。

案例

水泥公司 T 利用该公司旋窑水泥生产过程中产生的余热进行发电，根据当地税务部门审核，T 公司发电的生产活动服务属于《资源综合利用企业所得税优惠目录》的规定范围，但 T 公司属于独立法人机构，是企业所得税纳税人，其发电产品直接用于周围居民取暖。2022 年 T 公司发电供暖项目收入共计 1 100 万元，那么 T 公司这部分收入应该如何缴纳企业所得税？

按照《中华人民共和国企业所得税法实施条例》规定，T 公司余热发电项目能够享受资源综合利用减按 90% 计入收入总额的优惠政策，所以 T 公司 2022 年应纳税所得额为 1 100×90%=990（万元），之后再进行企业所得税计算。

2.2.4　环保企业"营改增"下的纳税筹划

随着我国社会经济发展逐渐成熟稳定，具有可持续发展和集约特点的环保产业已经成为新的经济增长点，环保产业在我国经济结构中的地位越来越重要。

在环保产业优质发展的同时，我国税收制度还进行了一项重要改革，即"营改增"。"营改增"是我国国家税务制度的重大改革，不仅与国家、企业关系紧密，且涉及方面广泛，发展影响深远，所以我国税务部门对"营改增"一直秉持慎重的改革态度。

总体而言，我国税务部门在"营改增"过程中进行了以下三方面的完善与思考。

首先，我国税务部门在开展"营改增"之前对社会经济发展、税收环境等相关因素进行了深度、细致的调研，并充分借鉴其他国家的成熟经验，对"营改增"初拟条文进行反复推敲，历时四年才确定了我国"营改增"理论上的初步实施方案。

其次，在实施"营改增"初期，我国税务部门对不同的行业及地区进行了抽样试点，之后根据试点情况严格控制政策改革的执行程度，最终用试点结果确定"营改增"的可行性。

最后，按照循序渐进的方式推动"营改增"，各项政策改革措施分别由浅入深地进行实施，企业在"营改增"期间有充足的时间调整自身实际运营情况与业务环节，这个适应过程也确保了我国市场税收制度改革的稳定性。

不过作为一个全国范围的重要改革，"营改增"整体改革效果虽然突出，但也出现了诸多问题。因为对企业而言，"营改增"不只是企业财务部门的工作任务改革，更涉及企业法务、技术、原料采购、工序设计等多个重要运行环节。可以说对企业发展而言，"营改增"是一次市场经济运作模式的重新规划，企业需要根据税收制度改革及时调整自身经营理念及运行方式，同时重新审视企业所有资源，结合改革特点重新思考纳税筹划策略。

目前，对我国环保企业而言，"营改增"带来的主要影响体现为所得税的抵扣项目比改革之前的进项有所减少，不少环保企业对"营改增"政策的解读与执行不到位，导致部分环保企业传统的纳税筹划措施出现不适用等情况。

比如对污水处理企业而言，"营改增"带来的影响不大；但对环保设备制造企业而言，"营改增"带来的影响则比较明显。随着"营改增"影响的不断扩大，涉及污水处理、环境设备制造、固体废弃物处理、新能源等业务的企业则需要不断调整业务模式，做好纳税筹划。

截至 2022 年，根据《中华人民共和国增值税暂行条例》规定，我国环保企业已经能够享受到多项税收优惠政策，针对"营改增"开展的纳税筹划策略也越发清晰。结合我国环保企业发展及纳税现状可以看出，我国环保企业在"营改增"下进行纳税筹划的思路主要包含以下几个重点。

1．"营改增"下环保企业纳税筹划的主要原则

"营改增"下环保企业纳税筹划的主要原则分为以下三个。

（1）环保企业开展纳税筹划需要最大化减轻企业税负。

（2）环保企业必须结合自身实际运营情况进行合理合法的纳税筹划。

（3）环保企业要充分结合我国现行税法的相关优惠政策，为自身争取到最大的纳税筹划空间。

2．"营改增"下环保企业纳税筹划的主要思路

"营改增"下环保企业纳税筹划的主要思路分为三个。

（1）相比其他企业，环保企业可以充分利用地方性优惠政策，结合自身实际运营情况有效减轻税负。因为我国近年来对绿色可持续发展的重视程度越来越高，各地为确保绿色发展效果，出台了各种与环保企业紧密相关的税收优惠政策。

（2）在合理合法前提下，有效利用环保企业能够享受的税收优惠政策，缓解自身流动资金压力。

（3）环保企业可以享受所得税减免、投资抵免等各种税收优惠政策，这些政策均与企业发票有关，所以环保企业需要强化发票管理，确保自身享受税收优惠政策时能够提供留存备查资料。

3．"营改增"下环保企业纳税筹划的主要措施

"营改增"下环保企业纳税筹划的主要措施分为三方面。

（1）环保企业可以利用业务分包进行纳税筹划。

（2）环保企业可以对会计主体进行纳税筹划。

（3）环保企业可以通过发票管理进行纳税筹划。

以上三种方式是我国环保企业"营改增"下惯用的纳税筹划方式，不过纳税筹划方式的选择需要结合环保企业自身实际情况，对业务活动、组织架构进行有效的调整，之后结合相关税法，合理合法地减轻企业税负。

4. "营改增"下环保企业的纳税筹划方案

结合我国"营改增"后的税收环境，可以得出我国环保企业在"营改增"下可以使用一种简单有效的纳税筹划方案。

目前，我国江苏、重庆、山东等省市都建立了各类环保企业产业园，这些产业园中实施了多种税收优惠政策。环保企业无须改变原有经营模式，只需要通过设立分公司或者迁移等方式入驻这些产业园区，就可以享受这些园区的税收优惠政策。

正常情况下我国税法规定增值税地方留存 50%，但入驻园区的环保企业可以享受地方留存 70% ~ 90% 的财政奖励。入驻园区的环保企业当月纳税，财政奖励次月到账。

比如 A 公司入驻环保园区后当月缴纳增值税 100 万元，享受优惠政策后当地政府会返还 35 万 ~ 45 万元到 A 公司对公账户中，且这部分财政奖励次月便可到账。

对企业所得税而言，正常情况下地方留存 40%，而入驻园区的环保企业可以享受地方留存的 70% ~ 90% 的财政奖励，与增值税奖励模式相同，企业当月纳税，财政奖励次月便可返还到企业对公账户。

总体而言，"营改增"是我国税收改革的一项重要行动，环保企业需要在"营改增"下找到适合自身的发展方式，充分利用国家税收改革的政策优势，提升我国环保企业的纳税筹划效果，如此环保企业才能够长期、健康、高质量发展。

案例

环保企业 H 公司是一家 2019 年注册成立，以解决城市周边大型排污企业污水排放问题为主营业务的全资民营公司。2019 年 8 月，H 公司获得了第一笔生产经营收入，且 H 公司的技术优势在项目中充分体现，H 公司在市场中顺利树立品牌形象。

随后，H 公司拓展了自己的业务范围，不仅进行污水排放处理，还进行专利技术转让，企业利润越发丰厚。

根据 H 公司财务部门统计，2019 年 H 公司应缴纳的所得税实际数额为 700 万元，2020 年 H 公司应缴纳的所得税实际数额为 1 200 万元。那么 H 公司这两年的企业所得税应该如何计算呢？

根据我国现行税法规定，H 公司属于环保企业，且第一次生产经营收入发生在 2019 年，所以根据环保企业享受的所得税减免政策，H 公司在 2019 年、2020 年、2021 年都不需要缴纳企业所得税。

随着 H 公司发展壮大，2021 年 H 公司筹资 800 万元买了一套更加先进的污水处理设备，该套设备经税务部门确认完全符合政策规定的投资抵免所得税的优惠条件，该套设备的投资额抵免限额为 $800 \times 10\% = 80$（万元）。不过 H 公司 2021 年依然不需要缴纳企业所得税，所以按照我国现行税法规定这 80 万元的抵免额还可以在以后 5 个纳税年度结转抵免。

总结得出，享受我国税收优惠政策的 H 公司在 2019 年、2020 年、2021 年三年中不仅无须缴纳企业所得税，且还有 80 万元的结转抵免额可以在后续五年中使用。

第 3 章

企业所得税法规解读与企业所得税筹划方法

　　民营企业作为我国国民经济的重要组成部分，具有激活市场经济、促进社会发展、创造就业机遇等多重作用，其在我国经济高质量发展中占据了重要战略地位。企业想要充分发挥经济价值，长期保持健康、优质的发展势态，就需要对企业所得税法进行缜密分析，并制定出有效的纳税筹划方案。

3.1 企业所得税法规要点

《中华人民共和国企业所得税法》是我国企业及其他取得收入的组织缴纳企业所得税的法律标准，也是我国企业开展企业所得税纳税筹划的核心依据。

《中华人民共和国企业所得税法》于 2007 年 3 月 16 日第十届全国人民代表大会第五次会议通过。在 2017 年 2 月 24 日第十二届全国人民代表大会常务委员会第二十六次会议中进行了第一次修订。2018 年 12 月 29 日第十三届全国人民代表大会常务委员会第七次会议中又对《中华人民共和国企业所得税法》进行了第二次修订。目前，第二次修订的版本正是现行的《中华人民共和国企业所得税法》。

从《中华人民共和国企业所得税法》的总则中可以看出，我国企业所得税法明确了我国企业的纳税责任，对我国市场纳税环境进行了有效规范。任何类型的企业，都可以从《中华人民共和国企业所得税法》的总则中明确自己的纳税义务，这对我国社会经济健康、高质量发展有长久的保障意义。

虽然《中华人民共和国企业所得税法》先后只进行了两次修订，但对我国社会经济发展却起到了显著的效果，总体而言，现行《中华人民共和国企业所得税法》对社会经济发展具有以下显著意义。

1. 利于营造公平竞争的税收环境

《中华人民共和国企业所得税法》的修订对我国各类企业的所得税税收制度进行了统一规范，有效调整了企业所得税税负和政策待遇，可以说现行的《中华人民共和国企业所得税法》为我国企业发展营造了更公平的税收环境。

比如，在修订《中华人民共和国企业所得税法》之前，我国金融保险行业的内资企业所得税税率为 33%，除此之外金融保险行业还需要承担城市维护建设税、教育费附加等多种税负。而金融保险行业的外资企业的企业所得税税率仅为 15%，且负担的其他税负较轻，这代表我国金融保险行业的内资企业与外资企业税收环境不公平。最初制定这种纳税策略是为了吸引更多外资企业入驻，刺激我国金融保险行业发展，如今我国金融保险行业发展已经进入成熟状态，所以在《中华人民共和国企业所得税法》第二次修订中统一了金融保险行业内外资企业的所得税税率和税前抵扣标准，这极大增强了内资银行、保险公司的市场竞争能力。

2. 利于我国经济增长形势与产业结构的优化

国家对新能源、环境保护、高新技术、基础设施建设、农业等行业发展实行了多项鼓励政策，同时强调了促进公益事业和照顾弱势群体的主要原则，再次增强了税收的经济调控作用。这种转变下，《中华人民共和国企业所得税法》能够引导我国经济增长形势从粗放型向集约型顺利转变，为我国产业结构优化带来促进效果，进而促进社会经济全面、健康、高质量、可持续发展。

3. 利于提升区域经济发展协调性

《中华人民共和国企业所得税法》是我国区域税收优惠政策的重要指引，在《中华人民共和国企业所得税法》修订之前，我国东、中、西部地区发展差距已经逐步拉开，为提升我国市场的整体发展效果，新修订的《中华人民共和国企业所得税法》逐渐从区域优惠格局转变为产业优惠格局，这种格局下我国区域经济发展的协调性被充分提高，各地经济一体化发展效果逐渐增强，全国经济发展差距逐渐缩小，国民经济的均衡发展逐渐进入稳定状态。

4. 利于提高我国对外资力量的利用水平

目前，外资力量主要体现在我国的制造业中，我国劳动力优势虽然充分凸显，但大多数利润被外资企业获取。为改变这种发展状态，让我国经济发展更加顺应发展趋势，修订后的《中华人民共和国企业所得税法》开始引导外资力量发生转变。比如现行《中华人民共和国企业所得税法》的各种优惠政策正积极将外资力量引入高新科技产业与服务业，致力于提升我国科技产业与服务行业发展质量，以及提升绿色发展效果，这种外资利用模式能够带动我国产业结构升级，推动我国市场健康、平衡发展。

5. 利于我国税收制度的现代化发展

"简税制、宽税基、低税率、严征管"是我国近年来税收制度改革的基本原则，这一原则充分借鉴了其他国家税收制度改革的经验，并结合了全球经济发展的主要趋势。在我国税收制度改革过程中，我国税务部门进行了降低法定税率、结合市场实际增加优惠政策、完善反避税条款等多种改革，以此建立了科学、规范、统一的企业所得税制度，这对我国税收制度现代化发展具有良好的促进作用。

3.1.1 应纳税所得额的计算

企业依法缴纳企业所得税需要准确计算应纳税所得额，应纳税所得额是指企业按照我国税法规定，确定一定时期内所获得的所有应税收入减除在该纳税期间依法允许减除的各种支出后的余额，应纳税所得额是企业计算所得税税额的依据。

需要注意的是，《中华人民共和国企业所得税法》中应纳税所得额计算周期是每一纳税年度，计算方式为每一纳税年度的收入总额减除不征税收入、免税收入、各项扣除及允许弥补的以前年度亏损。

另外，企业应纳税所得额的计算要以权责发生制为原则，无论企业当期款项是否收付，都需要作为当期的收入和费用进行应纳税所得额计算。不属于当期收入和费用的款项，即使在当期收付也不作为当期收入和费用进行应纳税所得额计算。

目前，《中华人民共和国企业所得税法》中对应纳税所得额进行了明确规定，如第五条到第二十一条，解释得非常明确。

《中华人民共和国企业所得法实施条例》中第九条到第二十六条对企业应纳税所得额又做出了详细解释。

3.1.2　税率

企业所得税税率是指纳税人应缴纳企业所得税税额与应纳税所得额之间的比例，这一比例是计算企业应纳税额的标准。企业所得税税额决定着国家财政收入与纳税人的税负情况，同时体现了我国对企业征收所得税的深度。

《中华人民共和国企业所得税法》中有明确规定。

第四条　企业所得税的税率为 25%。

非居民企业取得本法第三条第三款规定的所得，适用税率为 20%。

需要注意的是，2022 年国家税务总局发布的税收优惠政策中又提出国家需要重点扶持的高新技术企业适用税率为 15%。

3.1.3　应纳税额的计算

企业明确了应纳税所得额的计算方法以及现行所得税税率后，还需要明确应纳税额的含义及计算方式。应纳税额是指企业按照现行企业所得税法规定，计算得出的应缴纳的企业所得税税额。

《中华人民共和国企业所得税法》中对应纳税额有明确规定。

第二十二条　企业的应纳税所得额乘以适用税率，减除依照本法关于税收优惠的规定减免和抵免的税额后的余额，为应纳税额。

第二十三条　企业取得的下列所得已在境外缴纳的所得税税额，可以从其当期应纳税额中抵免，抵免限额为该项所得依照本法规定计算的应纳税额；超过抵免限额的部分，可以在以后五个年度内，用每年度抵免限额抵免当年应抵税额后的余额进行抵补：

（一）居民企业来源于中国境外的应税所得；

（二）非居民企业在中国境内设立机构、场所，取得发生在中国境外但与该机构、场所有实际联系的应税所得。

第二十四条　居民企业从其直接或者间接控制的外国企业分得的来源于中国境外的股息、红利等权益性投资收益，外国企业在境外实际缴纳的所得税税额中属于该项所得负担的部分，可以作为该居民企业的可抵免境外所得税税额，在本法第二十三条规定的抵免限额内抵免。

《中华人民共和国企业所得税法实施条例》中对应纳税额的计算方式进行了如下明确规定。

第七十六条　企业所得税法第二十二条规定的应纳税额的计算公式为：

应纳税额＝应纳税所得额 × 适用税率—减免税额—抵免税额

公式中的减免税额和抵免税额，是指依照企业所得税法和国务院的税收优惠规定减征、免征和抵免的应纳税额。

第七十七条　企业所得税法第二十三条所称已在境外缴纳的所得税税额，是指企业来源于中国境外的所得依照中国境外税收法律以及相关规定应当缴纳并已经实际缴纳的企业所得税性质的税款。

第七十八条　企业所得税法第二十三条所称抵免限额，是指企业来源于中国境外的所得，依照企业所得税法和本条例的规定计算的应纳税额。除国务院财政、税务主管部门另有规定外，该抵免限额应当分国（地区）不分项计算，计算公式如下：

抵免限额＝中国境内、境外所得依照企业所得税法和本条例的规定计算的应纳税总额 × 来源于某国（地区）的应纳税所得额 ÷ 中国境内、境外应纳税所得总额

第七十九条　企业所得税法第二十三条所称 5 个年度，是指从企业

取得的来源于中国境外的所得，已经在中国境外缴纳的企业所得税性质的税额超过抵免限额的当年的次年起连续 5 个纳税年度。

第八十条　企业所得税法第二十四条所称直接控制，是指居民企业直接持有外国企业 20% 以上股份。

企业所得税法第二十四条所称间接控制，是指居民企业以间接持股方式持有外国企业 20% 以上股份，具体认定办法由国务院财政、税务主管部门另行制定。

第八十一条　企业依照企业所得税法第二十三条、第二十四条的规定抵免企业所得税税额时，应当提供中国境外税务机关出具的税款所属年度的有关纳税凭证。

3.1.4　税收优惠

自《中华人民共和国企业所得税法》颁布实施以来，我国税务部门便结合社会经济发展实际情况发布、更新了多项企业所得税优惠政策，这些优惠政策发布的原则与标准便是税收优惠。《中华人民共和国企业所得税法》中第二十五条到第三十六条对企业税收优惠进行了明确规定，包括国家重点扶持项目等，税务人员可以据此对照自己的企业是否符合优惠条件。

《中华人民共和国企业所得税法实施条例》中第八十二条到第一百零二条对税收优惠进行了详细解释，可对照参考。

通过对以上税法政策分析，企业可以有效利用税收优惠开展各种纳税筹划，帮助企业有效减轻税负，提升发展质量。企业需要注意的是，2023 年，国家税务总局发布了《国家税务总局关于落实小型微利企业所得税优惠政策征管问题的公告》，这项政策为我国小型微利企业在缴纳企业所得税时带来了一定的税收优惠，基于这一政策开展企业所得税纳税筹划，也可以为企业减小一定的所得税纳税压力，提升企业发展的灵活性。

3.1.5　特别纳税调整

特别纳税调整是指我国税务部门基于反避税目的对纳税人特定纳税事项做出的税务调整。《中华人民共和国企业所得税法》中对企业特别纳税调整进行了明确规定，可参照第四十一条到第四十八条。

《中华人民共和国企业所得税法实施条例》中对特别纳税调整进行了详细解释，可参照第一百零九条到第一百二十三条。特别纳税调整是我国企业退税、返税的重要依据，基于这一政策开展企业所得税纳税筹划也能够达到减轻税负、降低企业运营成本的目的。

3.2　准予扣除项目的确认与调整和不得扣除项目

准予扣除项目是指企业每个纳税年度中发生的与收入有关的合理支出，这部分支出主要包括成本、费用、损失和其他支出，且这部分支出在计算企业应纳税所得额时可以扣除。顾名思义，不得扣除项目则与准予扣除项目相反，是在企业每个纳税年度中计算企业应纳税所得额时不能被扣除的项目。

这两个项目的相关内容在《中华人民共和国企业所得税法实施条例》中都有明确规定，确认与调整准予扣除项目与不得扣除项目，可以开展有效的纳税筹划，减轻企业税负，提升企业运营效果。

3.2.1　准予扣除项目的确认与调整

根据《中华人民共和国企业所得税法》和《中华人民共和国企业所得税法实施条例》规定，我国企业计算企业所得税时准予扣除的项目主要包括五种，分别是成本、费用、税金、损失和其他支出，且这五种准予扣除项目必须与企业发生与取得的经营收入有关，属于企业合理支出。在进行准予扣除项目申报时，一定要秉持真实、合法的原则，遵循权责发生制、配比原则、相关性原则、确定性原则和合理性原则。

1. 成本

企业生产经营中会出现大量运营成本，而准予扣除的项目是指企业生产经营中发生的销售成本、销货成本、业务支出以及其他耗费。这些成本主要包括企业销售商品的产品成本、材料成本、废料成本等，同时企业提供劳务、转让固定资产、转让无形资产等发生的成本也属于准予扣除项目内容。

2. 费用

费用是指企业为生产、经营、提供劳务所发生的各种销售费用、管理费用与财务费用，不过这部分费用不包括已经计入成本的相关费用。

（1）销售费用。销售费用主要是企业在销售商品和材料、提供劳务时发生的费用，比如广告费、运输费、包装费、保险费、销售佣金、代销手续费等都属于销售费用。

（2）管理费用是指企业董事会、行政部门在企业经营管理中发生或应由企业承担的费用，比如中介费、咨询费、业务招待费等都属于管理费用。

（3）财务费用是指企业为筹集生产经营资金而发生的费用，比如利息净支出、汇兑净损失、金融机构手续费等都属于财务费用。

3. 税金

税金一般指企业税金及附加，是企业发生的除所得税和允许抵扣的增值税之外的企业缴纳的各种税金及附加。比如消费税、关税、土地增值税等都属于税金及附加。

需要注意的是，税金及附加的扣除方式有两种：一是在发生当期扣除；二是在发生当期计入成本，在以后各期分摊扣除。企业可以根据实际情况选择合适的扣除方式，这也是纳税筹划的一种方式。

4. 损失

损失是指企业生产经营中固定资产或存货发生的盘亏、毁损、报废，企业转让资产发生的损失，企业生产经营中出现的呆账、坏账，以及不可抗力因素造成的其他损失等。

需要注意的是，如果企业发生损失后相关责任人进行了赔偿，或者企业为资产购买了保险，保险公司进行了赔偿，则准予扣除的损失应为企业发生的损失减除各项赔偿后的余额。另外如果企业发生的损失在纳税年度的所得税中进行了税前扣除，但后续又全部收回或者部分收回了损失，这部分收入则需要计入企业当期收入，并体现在当期应纳税所得额中。

比如某企业在 2020 年经营过程中出现了 100 万元的坏账，该企业将这100 万元损失申报后进行了税前扣除。2021 年，该企业又收回了这笔坏账，则这 100 万元需要计入该企业 2021 年的收入中，并体现在该企业 2021 年的应纳税所得额中。

5. 其他支出

其他支出是指企业生产经营过程中除成本、费用、税金、损失之外，发生的与生产经营活动有关的合理支出。

根据我国税法规定，企业准许扣除项目虽然只包含以上五种，但这五种准予扣除项目却涉及企业经营生产中常见的十几种支出。下面从企业角度，详细分析发生在企业经营生产中的 17 项准予扣除的支出。

1. 公益性捐款

根据《中华人民共和国企业所得税法》第九条规定："企业发生的公益性捐赠支出，在年度利润总额 12% 以内的部分，准予在计算应纳税所得额时扣除；超过年度利润总额 12% 的部分，准予结转以后三年内在计算应纳税所得额时扣除。"所以部分企业在发展过程中会积极主动进行公益性捐款，这种行为可以为企业带来两个好处：一是合理合法减轻企业税负，二是提升企业品牌知名度。

2. 工资、薪金支出

员工工资、薪金支出是绝大多数企业申报企业所得税时需要填报的准予扣除项，工资、薪金支出主要指企业每一纳税年度支付给受雇员工的劳动报酬，这些报酬包括员工工资、奖金、津贴、年终加薪、加班费等。企业可以通过调整员工工资、薪金支出取得良好的纳税筹划效果。调整原则主要有以下几个。

（1）制定规范的员工工资、薪酬制度。

（2）员工工资、薪金水平充分结合行业与区域标准。

（3）员工工资、薪金的固定性是相对的，调整员工工资、薪金需要保持有序性。比如企业通过提高员工工资、薪金的方式增加准予扣除项总额，这种调整一定要合理、有规律，不能频繁变化，否则很容易增加企业纳税风险。

（4）企业需要依法代扣代缴员工个人所得税。

（5）利用员工工资、薪金进行纳税筹划一定要注意筹划程度，不要过度筹划。

另外，员工工资、薪金作为准予扣除项需要注意两个重点：一是企业实际发放的员工工资、薪金总额不包括企业的福利费、教育经费、工会经费以及"五险一金"；二是国有性质企业的员工工资、薪金不得超过政府部门规定的限定数额，如有超出，超出部分则不能计入企业所得税准予扣除项目。

3. 社保等其他支出

虽然"五险一金"等不能计入企业员工的工资、薪金支出，但社保支出同样属于企业所得税准予扣除的项目范围。

（1）基本保险。基本保险是指企业依照国家相关规定为员工缴纳的养老、医疗、失业、工伤、生育等基本社会保险费用，以及住房公积金。

（2）补充保险。补充保险主要指企业在为员工缴纳的基本保险的基础上，为员工缴纳的补充医疗保险、补充养老保险。按照我国相关政策规定，补充医疗保险和补充养老保险的保险费不得超过员工工资的 5%，超过的部分不计入企业所得税准予扣除项目。

（3）其他保险。其他保险主要指员工人身安全保险、企业及员工财产保险等。这部分保险费用一般按照据实扣除的原则进行扣除。

需要注意的是，按照我国相关规定，除企业为特殊工种员工支付的人身安全保险费和其他准予扣除的商业保险费外，企业为投资者、其他员工支付的商业保险费不计入企业所得税准予扣除项目。

4. 借款

借款是我国企业生产经营过程中经常发生的经济行为，《中华人民共和国企业所得税法实施条例》中有如下规定。

第三十七条　企业在生产经营活动中发生的合理的不需要资本化的借款费用，准予扣除。

企业为购置、建造固定资产、无形资产和经过12个月以上的建造才能达到预定可销售状态的存货发生借款的，在有关资产购置、建造期间发生的合理的借款费用，应当作为资本性支出计入有关资产的成本，并依照本条例的规定扣除。

第三十八条　企业在生产经营活动中发生的下列利息支出，准予扣除：

（一）非金融企业向金融企业借款的利息支出、金融企业的各项存款利息支出和同业拆借利息支出、企业经批准发行债券的利息支出；

（二）非金融企业向非金融企业借款的利息支出，不超过按照金融企业同期同类贷款利率计算的数额的部分。

在企业生产经营过程中，这部分费用可以在缴纳企业所得税时准予扣除。这一政策是很多企业进行纳税筹划的重要依据，通过借款开展纳税筹划可以有效减小企业生产运营的资金压力、减轻企业税负。

5. 三类费用

（1）员工福利费用。《中华人民共和国企业所得税法实施条例》规定："企业发生的职工福利费支出，不超过工资薪金总额14%的部分，准予扣除。"

（2）工会经费。企业生产经营过程中拨缴的工会经费如果不超过员工工资、薪金的 2%，且有工会组织开具的《工会经费收入专用收据》，则可以在企业所得税缴纳时准予税前扣除。

（3）员工教育经费。《中华人民共和国企业所得税法实施条例》规定："除国务院财政、税务主管部门另有规定外，企业发生的职工教育经费支出，不超过工资薪金总额 2.5% 的部分，准予扣除；超过部分，准予在以后纳税年度结转扣除。"

6. 业务招待费

企业生产经营过程中为拓展业务渠道会开展各种客户招待活动，即会产生业务招待费。《中华人民共和国企业所得税法实施条例》规定："企业发生的与生产经营活动有关的业务招待费支出，按照发生额的 60% 扣除，但最高不得超过当年销售（营业）收入的 5‰。"所以这部分费用也能进行税前扣除，但扣除金额有明确的上限。

7. 广告宣传费

广告宣传是企业提升产品销量与品牌知名度的主要措施，企业发展过程中需要支出大量广告宣传费。《中华人民共和国企业所得税法实施条例》明确规定："企业发生的符合条件的广告费和业务宣传费支出，除国务院财政、税务主管部门另有规定外，不超过当年销售（营业）收入 15% 的部分，准予扣除；超过部分，准予在以后纳税年度结转扣除。"根据这条法规，企业能够开展有效的纳税筹划。

8. 专项基金

专项基金是指企业依照相关法律法规提取的环境保护、生态恢复等专项资金。《中华人民共和国企业所得税法实施条例》中明确规定："企业依照法律、行政法规有关规定提取的用于环境保护、生态恢复等方面的专项资金，准予扣除。上述专项资金提取后改变用途的，不得扣除。"所以企业利用专项基金进行纳税筹划时一定要与自身业务结合，确定专项基金的用途。

9. 租赁支出

企业发展过程中为节省发展资金，会采用租赁方式租用各种设备、厂房等，用于完成某些项目。尤其对流动资金相对较少的企业，其租赁活动更为频繁。针对这项企业发展行为，《中华人民共和国企业所得税法实施条例》也进行了准予扣除项目的详细说明。

第四十七条　企业根据生产经营活动的需要租入固定资产支付的租赁费，按照以下方法扣除：

（一）以经营租赁方式租入固定资产发生的租赁费支出，按照租赁期限均匀扣除；

（二）以融资租赁方式租入固定资产发生的租赁费支出，按照规定构成融资租入固定资产价值的部分应当提取折旧费用，分期扣除。

这项规定也是企业开展纳税筹划的重要依据。

10. 财产保险

《中华人民共和国企业所得税法实施条例》中明确规定："企业参加财产保险，按照规定缴纳的保险费，准予扣除。"根据这项规定，企业可以通过为企业重要固定资产投保等方式进行纳税筹划。

11. 营业机构内部往来

《中华人民共和国企业所得税法实施条例》中明确规定："非居民企业在中国境内设立的机构、场所，就其中国境外总机构发生的与该机构、场所生产经营有关的费用，能够提供总机构出具的费用汇集范围、定额、分配依据和方法等证明文件，并合理分摊的，准予扣除。"虽然这个企业所得税准予扣除项目条件较为复杂，但对存在跨国业务的企业却十分实用。基于这项政策，具有跨国业务的企业可以开展有效的所得税纳税筹划。

12. 劳动保护支出

《中华人民共和国企业所得税法实施条例》中明确规定："企业发生的合理的劳动保护支出，准予扣除。"这一规定为特殊行业的企业进行纳税筹划提供了空间。

13. 汇兑损失

打通国际市场的企业在生产经营过程中会进行一些货币汇兑活动，在这项活动中产生的损失也可以在企业缴纳所得税前进行扣除。

《中华人民共和国企业所得税法实施条例》中明确规定："企业在货币交易中，以及纳税年度终了时将人民币以外的货币性资产、负债按照期末即期人民币汇率中间价折算为人民币时产生的汇兑损失，除已经计入有关资产成本以及与向所有者进行利润分配相关的部分外，准予扣除。"

14. 其他合理支出

根据《中华人民共和国企业所得税法实施条例》规定，企业根据生产经营性质特点，发生与生产经营相关的其他合理费用，可以作为企业的合理支出准予税前扣除。比如由企业统一制作并要求员工工作时统一穿着的工作服，其费用便属于企业合理支出费用，准予税前扣除。再比如企业根据生产经营需要进行厂房装修，其费用也属于企业合理支出费用，同样准予税前扣除。

15. 资产损失

国家税务总局 2011 年发布《企业资产损失所得税税前扣除管理办法》，其规定如下。

第三条　准予在企业所得税税前扣除的资产损失，是指企业在实际处置、转让上述资产过程中发生的合理损失（以下简称实际资产损失），以及企业虽未实际处置、转让上述资产，但符合《通知》[①]和本办法规定条件计算确认的损失（以下简称法定资产损失）。

---

① 　《通知》指《财政部 国家税务总局关于企业资产损失税前扣除政策的通知》。

第四条　企业实际资产损失，应当在其实际发生且会计上已作损失处理的年度申报扣除；法定资产损失，应当在企业向主管税务机关提供证据资料证明该项资产已符合法定资产损失确认条件，且会计上已作损失处理的年度申报扣除。

企业在实际经营中出现的资产损失能够进行税前扣除，这一政策也是我国企业开展纳税筹划的一大重点。

16. 开办费

开办费是指企业在筹建期间发生的人员工资、培训费、差旅费、注册登记费等合理支出，以及企业筹建期间不计入固定资产和无形资产的汇兑损益和利息支出等。

根据《国家税务总局关于企业所得税若干税务事项衔接问题的通知》规定："新税法中开（筹）办费未明确列作长期待摊费用，企业可以在开始经营之日的当年一次性扣除，也可以按照新税法有关长期待摊费用的处理规定处理，但一经选定，不得改变。"

可以得出，企业这部分费用不能计算为企业开始生产经营第一个年度的当期亏损，但可以在开始生产经营的当年进行一次性扣除，还可以按照现行税法中有关长期待摊费用的处理规定处理，但是选定后便不能再更改。

17. 差旅费中人身意外保险费支出

根据《国家税务总局关于企业所得税有关问题的公告》（国家税务总局公告2016年第80号）规定："企业职工因公出差乘坐交通工具发生的人身意外保险费支出，准予企业在计算应纳税所得额时扣除。"

以上17种企业支出都属于企业所得税准予扣除项目，针对这些项目开展纳税筹划能够最大化减轻企业所得税税负，促进企业经营发展。

3.2.2　不得扣除项目

《中华人民共和国企业所得税法》和《中华人民共和国企业所得税法实施条例》中不仅对企业缴纳所得税前准予扣除的项目进行了详细说明，也详细说明了企业缴纳所得税时不得扣除的项目。根据《中华人民共和国企业所得税法》规定，以下企业支出属于企业所得税不得扣除项目。

第十条　在计算应纳税所得额时，下列支出不得扣除：

（一）向投资者支付的股息、红利等权益性投资收益款项；

（二）企业所得税税款；

（三）税款滞纳金；

（四）罚金、罚款和被没收财物的损失；

（五）本法第九条规定以外的捐赠支出；

（六）赞助支出；

（七）未经核定的准备金支出；

（八）与取得收入无关的其他支出。

第十二条　在计算应纳税所得额时，企业按照规定计算的无形资产摊销费用，准予扣除。

下列无形资产不得计算摊销费用扣除：

（一）自行开发的支出已在计算应纳税所得额时扣除的无形资产；

（二）自创商誉；

（三）与经营活动无关的无形资产；

（四）其他不得计算摊销费用扣除的无形资产。

第十四条　企业对外投资期间，投资资产的成本在计算应纳税所得额时不得扣除。

第十七条　企业在汇总计算缴纳企业所得税时，其境外营业机构的亏损不得抵减境内营业机构的盈利。

根据《中华人民共和国企业所得税法实施条例》规定，以下企业支出属于企业所得税不得扣除项目。

第四十五条　企业依照法律、行政法规有关规定提取的用于环境保护、生态恢复等方面的专项资金，准予扣除。上述专项资金提取后改变用途的，不得扣除。

第四十九条　企业之间支付的管理费、企业内营业机构之间支付的租金和特许权使用费，以及非银行企业内营业机构之间支付的利息，不得扣除。

明确了这些企业所得税不得扣除项目，企业能更有效地开展所得税纳税筹划，企业纳税风险也能够降低。

案例

A公司是一家2019年注册成立的国有工业生产企业。2020年，A公司年销售收入为1 000万元，2020年A公司业务招待费支出了20万元，按照《中华人民共和国企业所得税法实施条例》规定："企业发生的与生产经营活动有关的业务招待费支出，按照发生额的60%扣除，但最高不得超过当年销售（营业）收入的5‰。"那么A公司2020年的应纳税所得额应该如何计算？

【方案一】按照《中华人民共和国企业所得税法实施条例》规定计算，A公司2020年业务招待费准予税前扣除的金额仅为1 000×5‰=5（万元），在不考虑其他准予扣除项目，且A公司不征税收入和免税收入均为 0，A 公司以前年度无亏损时，A 公司 2020 年应纳税所得额为 1 000-5=995（万元）。

【方案二】根据《中华人民共和国企业所得税法实施条例》规定的其他准予扣除项目提前进行纳税筹划。在业务招待费发生时尽量将其列入企业业务宣传费，或者将客户赠品与企业广告传单一起发放，将这部分费用列入广告费，以此减少 A 公司 2020 年业务招待费 10 万元。如果按照这种筹划方式计算，在不考虑其他准予扣除项目，且 A 公司不征税收入和免税收入均为 0，A 公司以前年度无亏损时，A 公司 2020 年应纳税所得额为 1 000-5（业务招待费）-5（业务宣传费）-5（广告费）=985（万元）。可见，企业准予扣除项目的纳税筹划可以有效减轻企业所得税税负。

3.3　企业组建的纳税筹划

我国现行税收制度具有固定性、无偿性和强制性特点，税务部门按照相关税法进行纳税管理，纳税人严格依法纳税是我国社会经济健康、稳定发展的关键。不过我国在牢固的税收体系框架下依然为纳税人预留了弹性的纳税筹划空间，在企业组建、经营、发展的各个环节都可以依据税法进行有效的纳税筹划。下面分析企业组建过程中的纳税筹划。

3.3.1　组织形式的纳税筹划

通过对《中华人民共和国企业所得税法》和《中华人民共和国企业所得税法实施条例》相关规定的分析，可以明确得出企业组织形式不同，取得的纳税筹划效果也不一样。

对纳税行为进行合理规划是纳税筹划的重要前提，如果企业在成立之前便开始进行纳税筹划，则可以从顶层的组织形式进行纳税结构设计，企业后续经营也可以节省大量税金。企业针对组织形式开展的纳税筹划的关注点主要有以下两个。

1. 组织形式的选择

企业在成立之前根据未来经营特点、行业情况确定组织形式是进行后续纳税筹划的一个关键点，因为不同组织形式对应着不同的纳税环境。

目前，从纳税筹划角度分析，我国企业组织形式主要分为两种：一种是企业投资者需要承担无限责任的组织形式，另一种是投资者需要承担有限责任的组织形式。其中，投资者需要承担无限责任的经营主体主要有个体工商户、个人独资企业和普通合伙企业三种。投资者需要承担有限责任的经营主体主要有一人有限责任公司、有限责任公司、股份有限公司等。这两种形式后续对应的纳税环境、纳税方式完全不同。

对投资者需要承担无限责任的企业而言，投资者对企业在经营业务中产生的债务承担无限连带责任，所以这类企业无须缴纳企业所得税，但投资者需要缴纳个人所得税。

对投资者需要承担有限责任的企业，根据我国现行税法规定，该类企业投资者以注册资本为限，对企业经营中产生的债务承担有限责任，这类企业不仅需要缴纳企业所得税，投资者个人也需要缴纳个人所得税。

由此可见，企业组织形式的差别代表着企业未来纳税环境的巨大差异。企业成立之前需要根据其未来发展方向确定适合自己的组织形式。

2. 不同组织形式的责任与权利

不同组织形式的企业不仅面对着纳税环境与纳税方式的差异，其承担的责任与享受的权利也不同。企业想要就组织形式开展纳税筹划需要明确每种组织形式在未来经营中扮演的纳税角色，明确不同组织形式下对应的纳税责任，之后才能够利用组织形式的特点进行合理合法的纳税筹划。

例如，在我国市场中，有限责任公司和个人独资企业就存在较大的纳税筹划差异。在增值税方面，两者的纳税筹划策略、纳税筹划空间基本相似；但在企业所得税方面，个人独资企业可以通过多种纳税筹划大幅减轻企业税负，这是个人独资企业独有的纳税优势。从这一点中也可以看出我国税法的公平性，因为个人独资企业属于投资者需要承担无限连带责任的企业，企业承担的责任多，享受的权利自然大。

比如按照我国现行税法规定，我国有限责任公司是以查账征收方式进行纳税的，通过查账确定企业的应纳税所得额、应纳税额，之后缴纳企业所得税。有限责任公司适用的税率为25%。其需要在完成企业所得税缴纳后再将企业利润按股份比例分配给企业股东，而股东还需要缴纳20%的个人所得税。

但个人独资企业则完全不同，按照我国现行税法规定，个人独资企业的纳税方式分为查账征收和核定征收两种方式，且个人独资企业无须缴纳企业所得税，适合个人独资企业的税率为 5% ～ 35%，如果个人独资企业申请以核定征收方式进行纳税，企业税负还可以大幅减轻。

目前，我国多地政府在城市建设、发展时为吸引外部建设力量，对个人独资企业推出税收优惠政策，这些优惠策略可以为个人独资企业提供纳税筹划空间，个人独资企业入驻这些区域时，可以在当地申请以核定征收方式进行纳税，企业税负则可以大幅减轻。

3.3.2　投资行业的纳税筹划

随着我国经济发展，投资行业近年来发展迅猛。从广义层面解释，一切与投资活动相关的经济部门和经济实体都可以被划分为投资行业，所以这一行业覆盖了我国国民经济发展的多个领域。但从行业定义角度出发，投资行业是指以投资为主要生产经营活动的企业，这些企业的主要业务为投资管理、资金筹措、投资咨询等，比如信托公司、投资咨询公司、投资银行等都属于常见的投资企业。

投资行业最大的特点是资金流动量大，所以纳税筹划是投资行业需要重点思考的经营问题。根据我国现行税法规定，除投资国债取得的投资收益可以享受免交所得税优惠政策，其他投资活动的投资收益都需要纳税。结合我国投资行业发展现状，可以看出投资行业纳税筹划的重点是根据投资类型进行巧妙设计。与其他行业不同，投资行业的纳税筹划需要根据投资类型、投资活动的每一个细节进行细化操作，之后才能够取得预期的纳税筹划效果。

案例

A 公司对 B 投资公司进行投资活动，该投资活动属于分红收益类型。这时 A 公司需要确认投资收益的税前和税后种类，如果投资收益属于税后收益，A 公司还要看 B 公司的所得税适用税率与自身是否相同，如果所得税税率相同，则不用补交所得税，如果 B 公司所得税税率小于 A 公司，则 A 公司还需要补交所得税。如果投资收益属于税前投资收益，这部分收益分回后需要并入 A 公司利润再缴纳企业所得税。

由此可见，投资行业的纳税筹划更为复杂、更注重细节，只有详细规划好投资活动的每一个步骤，才能够开展有效的纳税筹划。

随着我国经济的不断发展，市场投资活动不断增加，我国税法对投资行业的规范也越发细化。目前，我国现行税法针对投资行业的实际情况制定了不同的税收政策，投资企业可以根据这些税收政策进行详细的纳税筹划。

3.3.3　注册地点的纳税筹划

近年来，我国税收制度改革提升了对外开放由沿海向内地的战略布局效果，高新技术产业开发也获得了较大的税收优惠空间，这些都是我国税收制度改革取得的突出成果。

为了确保税收制度改革效果，我国税务部门主要采取了根据不同地域制定不同税收优惠政策的方式，而不同的税收优惠政策也为企业增大了纳税筹划空间。简而言之，企业可以根据注册地点的不同，承担不同程度的税负，针对这一情况开展纳税筹划可以有效提升企业未来发展效果。目前，利用注册地点进行纳税筹划的主要方式有以下几种。

1. 利用国家高新技术产业开发区的优惠政策开展纳税筹划

我国现行税法规定，国家需要重点扶持的高新技术企业，减按 15% 的税率征收企业所得税。经济特区内新办高新企业自取得第一笔生产经营收入所属纳税年度起，第一年和第二年免征企业所得税，第三年至第五年可以按 25% 的法定税率减半征收企业所得税。所以企业可以根据自身行业与未来发展规划在可以享受这些税收优惠政策的区域注册。

2. 利用经济特区税收优惠政策开展纳税筹划

目前，国务院批准了多个经济特区的税收优惠政策，比如《关于海南自由贸易港企业所得税优惠政策的通知》中明确规定："对注册在海南自贸港并实质性运营的鼓励类产业企业，减按 15% 的税率征收企业所得税。"所以到经济特区注册企业可以享受更多的税收优惠。

3. 通过异地分公司形式开展纳税筹划

我们都知道，对于分公司等分支机构，只要符合独立核算的条件，应单独申报缴纳企业所得税，适用经营所在地的企业所得税税率，通过这种方式，企业也能够减小税基，进而取得良好的减轻税负效果。

4. 利用国家允许亏损结转和弥补亏损政策开展纳税筹划

我国税法规定："盈利企业通过收购或兼并有累积亏损的注册公司，可以将利润冲抵被收购公司的亏损。"利用这一政策，企业可以减小所得税税基，进而减轻企业税负。

目前，我国各地实施的税收优惠政策十分丰富，企业可以根据自身行业情况、未来发展定位，选择合适的区域进行注册，充分享受该区域的税收优惠政策。这种方式可以为大多数企业长期减轻生产经营过程中的税负。

3.3.4 投资方式的纳税筹划

企业投资方式的纳税筹划是指针对投资结构、出资方式、投资形式开展的纳税筹划，不同投资方式对应着不同税负，选择适合企业实际经营情况的投资方式可以有效减轻企业税负。目前，利用投资方式进行纳税筹划的方式主要有以下几种。

1. 压缩投资总额中的注册资本比例

根据我国现行税法规定，企业注册资金的比重小于投资总额的差额部分可以通过债务筹资方式解决，债务筹资产生的借款利息可以在税前进行扣除。基于这一规定，企业可以通过压缩投资总额中注册资本比例的方式，有效减轻税负，同时还能够降低企业股东的投资风险，提高财务杠杆收益。

2. 通过分期出资开展纳税筹划

投资者在设立企业之前，可以在确定注册资本后选择一次性投资，也可以选择分期出资。一次性投资是指企业的实收资本与注册资本相同，分期出资是指企业所需资金以负债形式进行外部筹措。在分期出资期间产生的利息可以进行税前抵扣，所以企业可以通过出资方式进行纳税筹划。

3. 通过无形资产和实物出资形式开展纳税筹划

《中华人民共和国公司法》中明确规定："股东可以用货币出资，也可以用实物、知识产权、土地使用权等可以用货币估价并可以依法转让的非货币资产作价出资；但是，法律、行政法规规定不得作为出资的财产除外。"通过这种方式进行投资，企业能产生以下纳税筹划效果。

（1）享受减免关税和进口环节增值税优惠政策。按照中外合资企业中外双方签订的投资合同规定，外商出资的机械设备、零部件设备，以及合资企业投资资金进口的机械设备、零部件设备等，经过相关部门审批，可以免征关税和进口环节的增值税。

（2）获得更大纳税筹划空间。以非货币形式进行投资时，企业投资资产需要进行评估。这一过程中投资者可以选择合适的估价方法适当提高资产价值，这种方式可以有效节约投资成本，之后再通过折旧费、摊销费等方式减小纳税基数。

案例

A 公司是一家成熟公司，2020 年 A 公司在异地设立分公司 B 和 C。A 公司 2020 年具体经营情况如下，A 公司本部 2020 年实现利润 4 000 万元，分公司 B 实现利润 700 万元，分公司 C 在 2020 年亏损了 500 万元，A 公司适用所得税税率为 25%，那么 A 公司 2020 年应纳税额应该如何计算？

【纳税筹划】因为 B 和 C 为 A 公司的分公司，所以 A 公司 2020 年应纳税额计算公式为：（4 000+700-500）×25%=1 050（万元），假设 B 和 C 为 A 公司的子公司，A 公司 2020 年应纳税额则会增加。具体数额为 4 000×25%=1 000（万元），B 公司应纳税额为 700×25%=175（万元），由于 C 公司 2020 年为亏损状态，所以 C 公司应纳税额为 0。如此计算 A 公司 2020 年总的应纳税额为 1 000+175=1 175（万元），比设立分公司的方式多纳税 1 175-1 050=125（万元）。

由此可见，A 公司在设立分公司和子公司时进行了有效的纳税筹划，不过这种筹划没有充分结合注册地的税收优惠政策。假设 A 公司设立分公司的地点为可以享受税收优惠政策的经济特区，那么 A 公司设立子公司的税负则可以轻于设立分公司的税负。

假设 B 公司和 C 公司注册地点是可以享受税收优惠政策的经济特区，B 公司和 C 公司适用的税率为 15%，且 B 公司和 C 公司分别实现利润 700 万元和 500 万元，则 A 公司 2020 年应纳税额为 4 000×25%=1 000（万元），B 公司应纳税额为 700×15%=105（万元），C 公司应纳税额为 500×15%=75（万元），A 公司 2020 年总的应纳税额为 1 000+105+75=1 180（万元）。如果 B 公司和 C 公司依然是分公司，则 A 公司 2020 年总的应纳税额为（4 000+700+500）×25%=1 300（万元），由此得出 A 公司在享受税收优惠政策的经济特区注册子公司比异地设立分公司节约 1 300-1 180=120（万元）。

通过对比这两种纳税方式可以看出，企业进行纳税筹划时需要充分结合自身实际情况，巧妙利用税收优惠政策。在不同情况下，企业可以使用不同策略进行纳税筹划。

3.4 企业投资环节的纳税筹划

企业经营过程中，通过投资增加企业收入是一项关键发展举措，但投资活动与企业税负有直接关系，如何通过有效的纳税筹划减轻企业投资税负是当代企业都在思考的发展问题。下面针对企业投资环节的重点进行纳税筹划分析。

3.4.1 直接投资时的纳税筹划

从企业投资方式的角度分析，企业投资可以分为直接投资和间接投资。直接投资是指企业将金融资产转化为实物资产进行生产经营的行为，这种行为可以为企业带来显著的收益。间接投资是指企业购买各种有价证券的行为，企业通过有价证券的持有或转让以期获得收益或增值。

目前，直接投资是绝大多数企业都会涉及的投资行为，这种投资行为也是众多新企业诞生的主要原因。直接投资涉及的主要税种是流转税，而间接投资涉及的主要税种有证券交易税和企业所得税。

由于直接投资的收益焦点是投资回收期、投资现金流净现值，以及投资项目的内部报酬率，所以直接投资的纳税筹划主要需要考虑影响这些指标的税收政策。比如，企业开展直接投资项目，首先要确定投资项目涉及哪些税种，如果涉及增值税，那么之后还需要缴纳消费税，在这些税种外，还需要考虑城市维护建设税、教育费附加等，企业直接投资项目涉及的税种及税率越全面，其纳税筹划越有效。

另外，我国现行税法中存在很多税收优惠政策，尤其在 2022 年之后，我国政府为推动市场经济发展，加大了各种税收优惠政策的优惠力度。在这样的税收环境下，企业进行直接投资时可以充分结合各种税收优惠政策进行纳税筹划。

3.4.2　股票投资时的纳税筹划

企业为了让闲置资金发挥更大作用，会通过将闲置资金投资购买股票的方式促进企业发展，这是现代企业常见的经营行为。在这一过程中也会涉及各种纳税筹划。

目前，企业进行股票投资时进行纳税筹划的重点主要包括以下内容。

我国会计法中规定，企业应在每年末按照有关规定计算应享有的被投资单位当年实现的净利润或亏损的份额，确定投资收益或投资损失后，相应调整投资的账面价值。结合我国税法规定，可以得出无论企业会计账务中对投资项目按照何种方法核算，被投资企业会计账务实际做出利润分配处理时，投资企业都应该确认投资所得或亏损。

在了解了企业投资股票的相关纳税政策后，企业便可以进行有效的纳税筹划。筹划策略主要为保留低税地区被投资企业的利润不予分配。如果企业投资股票时保留低税地区被投资企业的利润不予分配，被投资企业的未分配利润则不能认定为投资企业的投资所得。这种情况下，投资企业可以获得不补税，或者延迟纳税的空间，而被投资企业因为有大量未分配利润，则可以减少现金流出，且这部分资金不需要支付利息，同样增强了企业发展实力，所以这种策略是企业投资股票过程中常见的纳税筹划方式。

现代企业之所以选择这种股票投资纳税筹划方式，是因为这种方式对企业、股东都有利。这种纳税筹划策略下，投资企业的股票投资所得可以作为被投资企业内部的流动资金，投资企业股东权益随之增加，同时不用缴纳个人所得税。虽然这时投资企业没有获得股息收入，但伴随着股东权益增加，股东股票价格会随之上涨，股价上涨也能够为股东带来实际收益。加之我国现行税法规定，股票转让（非上市公司限售股）所得暂不征收个人所得税，只需要缴纳印花税，所以这种方式极大减轻了投资企业股东的个人所得税税负。

案例

A企业于2020年以股票投资形式对B企业进行投资，投资后A企业占B企业股本总额的70%。A企业2020年利润为100万元，B企业2020年利润为500万元，A企业适用所得税税率为25%，而B企业适用所得税税率为15%，这时A企业2020年企业所得税应该如何计算？

【方案一】A企业2020年经营所得为100万元，按照25%税率计算，应纳企业所得税税额为25万元，如果B企业进行利润分配，A企业投资所得为350万元，应补税额为350÷（1-15%）×（25%-15%）=41.18（万元），A企业2020年总的应纳税额为25+41.18=66.18（万元）。

【方案二】A企业2020年经营所得为100万元，按照25%税率计算，应纳企业所得税税额为25万元。按照保留低税地区被投资企业的利润不予分配的原则进行纳税筹划，B企业不进行利润分配，则A企业只需要缴纳25万元。从A、B企业的经营状况中可以看出，B企业2020年的盈利能力明显强于A企业，而不进行利润分配后，B企业可以获得更多的发展流动资金，这很可能增加B企业2021年的营业收入，A企业股东权益随之增加。

3.4.3　债券投资时的纳税筹划

债券投资是指企业以购买债券的形式投放资本，到期向债券发行人收取固定利息以及本金的一种投资方式。目前，我国债券主要分为政府债券、公司债券和金融债券三种。

按照我国现行税法规定，企业投资政府债券取得的利息收入是免征所得税的，而投资公司债券和金融债券取得的利息收入则需要计入应纳税所得额，之后按照企业适用的所得税税率进行纳税。

对债券投资开展纳税筹划主要针对政府债券。因为政府债券具有免征所得税的优惠政策，而且公司债券和金融债券的利息虽然高于政府债券，但投资风险较高，加之扣除利息税与企业所得税后，实际收益与政府债券并无太大差别，所以企业进行债券投资时的纳税筹划主要针对政府债券。

企业针对政府债券投资进行纳税筹划的重点是明确政府债券的优惠政策，目前与政府债券相关的类型主要有以下几种。

1. 国债

《中华人民共和国企业所得税法》第二十六条规定，国债利息收入为免税收入。

2. 地方政府债券

《财政部　国家税务总局关于地方政府债券利息免征所得税问题的通知》中明确规定的内容如下。

（1）对企业和个人取得的 2012 年及以后年度发行的地方政府债券利息收入，免征企业所得税和个人所得税。

（2）地方政府债券是指经国务院批准同意，以省、自治区、直辖市和计划单列市政府为发行和偿还主体的债券。

3. 铁路债券

《财政部　税务总局关于铁路债券利息收入所得税政策的公告》（财政部　税务总局公告 2023 年第 64 号）中明确规定的内容如下。

铁路债券是指以中国国家铁路集团有限公司为发行和偿还主体的债券，包括中国铁路建设债券、中期票据、短期融资券等债务融资工具。

对企业出资者持有 2024—2027 年发行的铁路债券取得的利息收入，减半征收企业所得税。

3.4.4　无形资产投资时的纳税筹划

在当前的科技时代中，无形资产对企业发展的重要性越发突出，尤其对技术企业而言，其无形资产占企业资产的绝大部分。因此，近年来，针对无形资产投资开展的纳税筹划越发常见，企业遵循合法原则，积极利用我国现行税收政策减少无形资产投资的涉税支出，可以提高企业价值，获得更高收益。目前，企业在无形资产投资时开展的纳税筹划主要分为以下两个方面。

1.　企业投资研发无形资产的纳税筹划

现行税法规定，企业开发新产品、新技术、新工艺发生的各项费用（以下简称"三新"开发费），可以全额计入费用扣除项目。另外，我国现行税法还规定，国有、集体企业及国有、集体企业控股并从事工业生产经营的股份制企业、联营企业发生的技术开发费用，比上年实际发生额增长达到 10% 及以上的，其当年实际发生的费用除按照规定据实列支外，经主管税务机关审核批准后，可再按其实际发生额的 50% 抵扣当年应纳税所得额。基于这两条税收政策，企业可以在投资研发无形资产过程中进行有效的纳税筹划。

筹划方式主要分为两个方面：一是在企业会计账目下设置"研究费用"明细账户，配合税务机关审核，满足税收优惠政策标准；二是尽量为投资研发活动创造条件，在合理合法范围内使"三新"开发费增长率达到 10%，获得抵扣应纳税所得额的权利。具体操作过程中需要注意以下三个重点。

（1）当企业年度"三新"开发费增长率接近 10% 时，企业需要及时加大开发力度，使"三新"开发费的增长率达到 10%，以此享受优惠政策。

（2）当企业"三新"开发项目投入资金较多时，可以将部分资金进行分摊，将超过上一年度实际发生额 110% 的部分分摊到以后年度投资，这样也可以保障"三新"开发费增长率达到 10%，为享受税收优惠政策创造条件。

（3）在企业创造享受税收优惠政策的条件时，需要与企业发展结合，如果单纯为了享受税收优惠政策，而增加很多不必要的投入，反而会影响企业的健康发展，对企业造成一定损失。

2. 企业外购无形资产的纳税筹划

企业外购无形资产时开展的纳税筹划主要分为三个方面。

一是结合我国现行税法规定，企业应将投资外购无形资产时发生的相关费用在合理合法的前提下尽量计入期间费用，不计入企业无形资产，这样可以使费用发挥抵税作用，这些费用也可以获得费用抵税的时间价值。

二是结合我国现行税法中与无形资产相关的政策，扩大投资外购无形资产时的纳税空间。

三是结合我国现行税法规定在进口货物时扩大相关无形资产费用的纳税筹划空间。比如我国现行税法规定，企业进口货物时支付的关税完税价格应包括以在境内生产制造、使用或出版、发行为目的，向境外支付的该进口货物相关的专利、商标、著作权以及专有技术、计算机软件等费用。这条政策为企业进口货物时支付相关无形资产费用的纳税筹划提供了一定空间。如果这些无形资产费用无须与货物同时购进，企业则可以通过提前或推迟支付的方式，将这些费用单独处理，如此便可以降低关税完税价格，从而减轻企业进口环节的各种税负。

3.4.5　资本结构的纳税筹划

企业投资活动决定了企业的资本结构，而不同的资本结构也决定着企业纳税筹划的方法。从企业资本结构层面出发，企业资本结构由企业债权与股权构成，如果企业债权资本多于权益资本，则利于企业进行纳税筹划，这主要因为企业可以利用债权资本的债务利息进行各种税费扣除，而权益资本利润分配是在企业纳税后进行的，所以权益资本过多代表企业纳税筹划空间小。

简而言之，企业要想利用资本结构进行有效的纳税筹划，其需要保持自身资本结构的优良性，之后充分利用财务杠杆的作用扩大纳税筹划空间。不过企业资本结构一般受行业、企业信誉、经营风险等多种因素限制，很难长期保持在理想状态，所以企业需要在保持企业资本结构健康的前提下，尽量扩大债权资本比例，获得纳税筹划空间。

企业在保持资本结构健康的同时扩大债权资本比例的过程中，需要先了解企业资本结构的决定性因素——企业筹资方式。企业筹资方式主要有自我积累、企业借款、企业债券、发行股票等。正常情况下，企业筹资过程中涉及的人员和结构越多，企业更容易找到降低筹资成本、扩大投资规模、提高投资效益的方法。

结合我国现行税法各项规定，以及市场中各种企业筹资的有效措施，可以得出企业筹资过程中承担税负由重到轻的顺序依次为自我积累、金融贷款、企业间拆借和社会集资。一般情况下，如果企业筹资支付利息和税前收益不低于负债成本总额，企业负债比例越大，数额越大，则企业纳税筹划效果越明显，但必须保障企业经营主体的健康性。在企业经营主体健康的前提下，企业增加筹资支付的各种利息，可以作为被投资企业的费用而节省企业所得税的支出。同时，企业分配利润时按照股权进行分配，还能够降低企业投资风险，提升企业财务杠杆作用。所以采用合理提高企业负债比例方式进行纳税筹划的企业较为常见。

案例

A企业是一家注册了10年的生产企业，10年间A企业自我积累资金1000万元。经过A企业董事会决定，A企业计划将这笔资金用于扩大生产规模的投资，主要用于购买生产设备与生产产地。这一项目投资收益期为10年，预计年均盈利可达200万元。目前，A企业适用的企业所得税税率为25%，那么A企业应该如何进行纳税筹划？

【方案一】进行A企业投资情况的正常纳税分析，A企业资金为自我积累，没有进行外部筹资，所以A企业没有利息支付，A企业投资该项目后每年需要缴纳的所得税税额应为200×25%=50（万元），该项目投资收益期为10年，共计需要缴纳企业所得税50×10=500（万元）。

【方案二】根据不同资本结构为A企业进行纳税筹划。假设A企业为开展该项目向银行或其他金融机构筹资，筹资总额为1000万元，每年需要支付的利息为 30 万元，那么在这种资本结构下，A 企业该项目每年应纳税额为（200-30）×25%=42.5（万元），按照这一数字计算，A 企业实际税负为 42.5÷200=21.25%，A 企业该项目 10 年应纳税总额为 42.5×10=425（万元），两者对比后可以得出，进行纳税筹划后的 A 企业实际税负由 25% 降为 21.25%，该项目 10 年间应纳税总额从 500 万元降为 425 万元，虽然 A 企业筹资期间还需要支付 30×10=300（万元）的筹资利息，但 A 企业自我积累的 1 000 万元依然可以用于其他投资项目，所以这部分支出也不会为 A 企业带来任何经济负担，且 A 企业拥有更多发展机遇。

由此可见，在保证企业经营主体健康的前提下进行合理提高企业负债比例的纳税筹划，可以有效减轻企业税负、增强企业发展实力。

3.4.6　投资注册地点的纳税筹划

企业进行投资注册地点纳税筹划的重要原则是选择低税负水平国家或地区进行投资，这种方式不仅能够减小企业投资压力，提高投资企业的经营效果，还可以为投资企业获取更大的纳税筹划空间。

比如在跨国投资经营中，投资企业除考量基础设施、原材料供应、市场环境、劳动力成本等问题，还需要重点考量当地的税收制度差异。不同地区的税收制度存在巨大差异，且各国税收优惠政策的力度、条件均不相同。如果企业能够选择税收优惠政策多、使用条件宽松的国家或地区进行投资企业的注册，那么投资企业和投资注册的新企业都可以长期获益，投资企业的市场竞争力也可以大幅提升。

值得注意的是，在跨国投资过程中，投资企业需要面对国际双重征税问题，规避国际双重征税正是我国企业在跨国投资过程中需要考虑的重点纳税筹划因素。我国政府为优化市场发展环境，为更多企业减轻国际双重征税的税负，已经与多国签订了避免双重征税协定。根据这项协定，企业在签订协议的国家投资可以享受境外缴纳税款扣除或抵免等税收优惠政策。

当然，我国境内不同区域的税收政策也有差别，在税收洼地进行投资企业注册也是大多数企业的纳税筹划策略，在这种方式下注册的新企业可以享受当地的税收优惠政策，也可以减轻税负。

3.4.7　投资行业的纳税筹划

目前，我国经济市场中有各种投资活动，这些投资活动涉及各行各业，从当前企业的投资现状中可以看出，不同行业的投资有着巨大的投资差异，这些差异决定了企业的投资结果。其中，不同行业投资活动的纳税筹划是影响投资结果的关键因素。结合我国经济市场投资活动的现状，可以看出导致投资行业出现差异的重点是流转税和企业所得税，因为不同行业的投资对应着不同的税务负担，企业只有明确了不同行业流转税和企业所得税的税负差异与税收优惠政策，才能够取得理想的投资效果。下面就从流转税和企业所得税两个方面分析投资行业的纳税筹划重点。

1. 流转税

随着我国"营改增"税收制度改革的全面完成，我国流转税以增值税和消费税为主的时代随之到来。流转税主要影响着企业的现金流量，企业投资活动的收益越高，需要缴纳的流转税越高，自然承担的税负越重。所以企业在进行投资活动时需要重点考虑投资收益需要缴纳的流转税差异。而应该从税种、税率、税目及优惠政策四个方面考虑企业投资活动的流转税税负。

（1）税种。企业在销售商品时主要承担增值税税负，但部分行业也存在消费税税负，比如烟酒行业，所以投资行业承担的流转税税种是企业投资前的第一考虑要素。

（2）税率。根据我国现行税法规定，不同行业因营业性质不同，其适用的税率也不同，而同一行业营业收入种类不同税率也会有差异，所以企业进行投资活动之前一定要明确各行业的税率。比如商品电梯企业正常情况下承担的增值税税率为13%，但如果商品电梯企业提供电梯安装服务，则其适用税率为 6%。

（3）税目。根据我国现行税法规定，企业销售商品和提供劳务时税目不同对应的税率也不同，缴纳的税款自然也有差异，所以企业在进行投资活动时需要明确投资行业的税目，了解不同税目对应的税负，才能够进行有效的纳税筹划。

（4）优惠政策。目前，我国各行各业中都存在一定税收优惠政策，同时，我国政府为刺激市场经济良性发展，加大了税收优惠力度，推出了许多优惠政策，企业进行投资时提前明确各行业的优惠政策，可以有效减轻企业税负。

2. 企业所得税

虽然我国现行企业所得税法统一了企业所得税税率，但为推动部分行业快速发展，我国政府在企业所得税上也推出了一些优惠政策，这些政策是投资行业开展纳税筹划的重要依据。目前，我国推出的企业所得税优惠政策主要包括以下内容。

（1）企业免征所得税的主要行业范围。

①蔬菜、谷物、薯类、油料、豆类、棉花、麻类、糖料、水果、坚果的种植。

②农作物新品种的选育。

③中药材的种植。

④林木的培育和种植。

⑤牲畜、家禽的饲养。

⑥林产品的采集。

⑦灌溉、农产品初加工、兽医、农技推广、农机作业和维修等农、林、牧、渔服务业项目。

⑧远洋捕捞。

（2）根据企业所得税法相关规定免征、减征企业所得税的范围。

①从事农、林、牧、渔业项目的所得。

②从事国家重点扶持的公共基础设施项目投资经营的所得。

③从事符合条件的环境保护、节能节水项目的所得。

④符合条件的技术转让所得。

（3）根据现行税法规定其他企业所得税优惠范围。

①企业购置并实际使用的环境保护、节能节水、安全生产等专用设备的投资额，可以按照一定比例实行税额抵免。

②根据我国现行税法规定，符合西部地区鼓励类企业税收优惠条件的，可以享受"三免三减半"优惠政策。

③国家重点扶持的高新技术企业、技术先进型服务企业、设在西部地区国家鼓励产业企业等，按照 15% 税率计算企业所得税。

④对于符合条件的节能服务企业实施合同能源管理项目，从取得第一笔收入所属纳税年度开始实行"三免三减半"。

3.4.8　投资方式的纳税筹划

前面我们讲到，企业投资方式主要分为直接投资和间接投资两种，其中直接投资涉及的税收问题较多，也分析了相应的纳税筹划技巧，下面我们再通过案例，分析直接投资和间接投资两种不同投资方式的纳税差异，以此帮助企业开展投资活动时选择合适的投资方式。

案例

A 企业是一家经营多年的成熟企业，通过自我积累，目前 A 企业拥有闲置资金 1 000 万元，A 企业董事会决定将这笔资金进行投资，以期获得更大收益。目前，A 企业拟定了以下两种投资方案。

【方案一】A 企业与 B 企业联营，创建一家新企业 C，A 企业拥有 C 企业 20% 股权，C 企业的资本收益率为 25%，C 企业 50% 的税后利润用于股利分配。

【方案二】A 企业将闲置资金 1 000 万用于购买国库券，按照 7% 的年利率计算，A 企业每年可获利 70 万元。

那么，A 企业选择哪种投资方式更有利呢？

按照上述条件分析，如果 A 企业投资 C 企业属于间接投资，C 企业税前利润为 $1 000 \div 20\% \times 25\% \times（1-25\%）=937.5$（万元），A 企业可得投资收益为 $937.5 \times 50\% \times 20\%=93.75$（万元），而如果 A 企业直接购买国库券则属于直接投资，A 企业固定投资收益为 70 万元，由此可以得出 A 企业选择间接投资的收益比直接投资的收益多 $93.75-70=23.75$（万元）。不过 A 企业选择间接投资需要承担一定的投资风险，而直接购买国库券承担的风险则相对较小。企业可以根据实际情况进行投资选择，在闲置资金较多时可以选择投资风险稍大，但投资回报高的投资方式；在企业闲置资金较少时则尽量选择投资风险小、收益稳定的投资方式。

另外，随着我国经济市场发展，企业投资方式还可以被分为货币资金投资、有形资产投资和无形资产投资。这三种投资方式也对应着不同的税负，比如按照我国现行税法规定，有形资产投资中折旧费可以税前扣除，这就减小了投资活动所得的税基，而无形资产投资活动中的摊销费也可以作为管理费用进行税前扣除，这也可以减小投资活动所得的税基。由此可见，企业进行间接投资时可以再进行有形投资和无形投资的分类，其承担的税负也存在差异。

3.4.9　投资结构的纳税筹划

企业开展投资活动过程中，投资活动的结构也会影响企业税负，而决定企业投资结构的主要因素有投资地区、投资行业，下面从这两个角度分析企业投资结构的纳税筹划。

1. 投资地区

目前，我国现行税法中对不同地区实施着不同的税收优惠政策，这些优惠政策决定了企业投资活动的内部结构。这就要求企业在开展投资活动时需要充分考虑投资地区对投资活动的效益影响，充分了解不同地区各种税收优惠政策的享受条件，尽可能选择有利于企业投资活动的区域进行投资。

总体的纳税筹划思路是从企业投资风险角度出发，企业不能把全部资金投入某一区域、某个行业，或某个项目，因为这种投资结构是不健康的。企业的投资活动应该由多行业、多项目构成，综合考虑各投资地区的税基、税率、优惠政策，之后进行企业投资结构的整体规划，确保企业投资活动中存在一个或多个低税率项目，以此调整企业整体的纳税空间。

2. 投资行业

前面我们讲到了投资行业的纳税筹划方法，基于此，本部分总结出了优化企业投资结构的几个关键的投资行业选择因素。

（1）根据企业实际经营情况，结合我国现行税法对不同行业的税收倾斜政策，选择有利于企业投资的行业。

（2）利用我国现行的税收优惠政策，选择适合企业投资的行业及商品类别。

（3）根据我国现行税法规定，在企业投资过程中根据一些行业的税收优惠政策进行实际税负的测算，确定企业投资活动的实际税负，根据实际税负选择投资行业。

（4）在企业确定投资方向后，根据现行税法规定确定经营范围，合理合法避免额外的税负。

通过以上四种方式，企业可以优化投资结构，确保企业投资活动的健康性，并获得更大的纳税筹划空间。

3.4.10　投资过程的纳税筹划

了解了以上各种投资活动的纳税筹划重点之后，企业便可以针对整个投资过程开展纳税筹划。简而言之，企业投资过程的纳税筹划就是从投资方式、投资地点、投资结构等多个方面进行综合考虑的纳税筹划，纳税筹划的关键是考虑投资活动承担税负的轻重，之后结合各种现行税收政策进行优化调整。

例如，企业需要结合自身实际经营情况选择合适的投资方式，之后利用现行税法减轻投资活动承担的税负。比如我国现行税法规定，企业购买国债取得的利息收入可以免缴企业所得税；购买企业债券取得的收入则需要缴纳企业所得税。根据这些政策，企业需要权衡各种投资方式的利弊，之后选定投资方向和投资行业。

再如，企业选择有形资产和无形资产投资时，首先需要进行企业资产评估，其次再进行被投资企业的价值评估，最后确定投资项目的计税成本。如果评估投资资产可以合理增值，且投资企业确认非货币资产转让所得，这时便需要认真思考企业投资获得的应纳税所得额。如果转让所得额数额较大，企业可以根据税法规定向税务机关申请，将转让所得额在五年内分期摊入各期的应纳税所得额中，这也是企业投资过程中的纳税筹划。

总而言之，企业投资过程的纳税筹划就是利用各种投资活动的纳税筹划重点，结合企业实际经营情况与现行税法法规，综合考量投资过程中的每一步，力求提升企业投资效果、扩大企业纳税筹划空间、减轻企业税负。

3.4.11　项目投资的纳税筹划

企业选择投资项目时也需要进行纳税筹划，因为根据现行税法规定，企业选择不同的投资项目涉及的税负存在巨大差异。比如我国现行税法规定，企业从事符合条件的环境保护、节能节水项目，可以享受免征、减征企业所得税的优惠政策，其中就包括企业投资这类项目的活动。

再如，我国现行税法还规定企业开发新技术、新产品、新工艺发生的研究开发费用可以在计算应纳税所得额时加计扣除，这也为企业投资该类项目扩大了纳税筹划空间。

总体而言，企业选择投资项目开展的纳税筹划与选择投资行业类似，都是结合现行税法中的税收优惠政策，为投资项目创造享受优惠政策的条件，以此提升投资项目的经营效果。

案例

A 企业为一家技术型小型微利企业，该企业 2021 年预计企业所得税应纳税所得额为 400 万元，那么该企业应该如何进行纳税筹划？

因为 A 企业是技术型企业，所以技术开发是企业经营的主要活动，为减轻 2020 年企业所得税税负，A 企业可以选择一个合适的投资项目，比如提前进行 2021 年度的新产品研发。新产品研发资金预计为 60 万元，这种情况下，这 60 万元可以直接计入 A 企业的当期成本，同时可以加计扣除 50% 的费用，费用扣除额为 $60 \times 50\% = 30$（万元）。这时 A 企业当期扣除的成本就达到了 90 万元，A 企业应纳税所得额由 400 万元变为了 $400 - 90 = 310$（万元）。按照我国税法规定，小型微利企业可以享受所得税优惠政策，具体政策标准如下。

自 2019 年 1 月 1 日至 2021 年 12 月 31 日，对小型微利企业年应纳税所得额不超过 100 万元的部分，减按 25% 计入应纳税所得额，按 20% 的税率缴纳企业所得税；对年应纳税所得额超过 100 万元但不超过 300 万元的部分。减按 50% 计入应纳税所得额，按 20% 的税率缴纳企业所得税。

2021 年 1 月 1 日至 2022 年 12 月 31 日，对小型微利企业年应纳税所得额不超过 100 万元的部分，减按 12.5% 计入应纳税所得额，按 20% 的税率缴纳企业所得税。

2022 年 1 月 1 日至 2024 年 12 月 31 日，对小型微利企业年应纳税所得额超过 100 万元但不超过 300 万元的部分，减按 25% 计入应纳税所得额，按 20% 的税率缴纳企业所得税。

上述小型微利企业是指从事国家非限制和禁止行业，且同时符合年度应纳税所得额不超过 300 万元、从业人数不超过 300 人、资产总额不超过 5 000 万元等三个条件的企业。

如果 A 企业没有进行这项纳税筹划，那么 A 企业需要缴纳的企业所得税额为 $400 \times 25\% = 100$（万元），而进行了新产品投资项目的筹划后，A 企业则同时享受多项企业所得税优惠政策，需要缴纳的所得税额则变为了 $100 \times 25\% \times 20\% + （400 - 90 - 100）\times 50\% \times 20\% = 26$（万元），这一纳税筹划策略为 A 企业节省了 $100 - 26 = 74$（万元）的企业所得税。由此可见，选择合适的投资项目能够为企业大幅减轻税负，尤其对中小企业而言，由于中小企业可以享受更多税收优惠政策，利用合法合理的投资项目，可以通过纳税筹划有效提升基础实力与市场竞争力。

3.4.12　金融投资的纳税筹划

企业进行金融投资时也可以进行有效的纳税筹划，纳税筹划的重点有两个：一是在金融投资过程中开展纳税筹划，二是针对金融投资活动开展纳税筹划。

1. 投资过程的纳税筹划

企业进行金融投资活动时针对投资过程开展纳税筹划需要注意以下五个要点。

（1）投资规模。企业需要先根据自身情况进行投资能力分析，之后把握外部投资环境，结合现行税法进行投资风险防控，并开展纳税筹划。纳税筹划的重点是确定企业投资规模，确保投资活动的税前收益最大化，但投资规模不应超过企业运营负载能力。

（2）投资项目。金融投资项目需要承担的投资风险较高，所以企业需要结合自身实际情况与现行税法，选择与自身金融运作能力匹配的投资项目，以此降低投资风险。

（3）投资伙伴。企业进行金融投资时有可能进行合伙投资，这时投资伙伴的税收待遇和企业实力便成了纳税筹划的重点考虑因素。

（4）纳税筹划技巧。企业进行金融投资时可以结合现行税法，通过合理合法的方式延迟缴纳所得税，这是企业金融投资常见的纳税筹划技巧。

2. 金融投资活动的纳税筹划

企业对金融投资活动开展纳税筹划的方式比较直接，只需基于现行税法规定，进行合理的纳税筹划即可。目前与金融投资相关的税收政策主要包括以下几种。

（1）金融投资产生的利息不需要缴纳企业所得税。

（2）企业进行金融投资活动时，商品、外汇期货、交易合同需要缴纳印花税，活动收益要缴纳所得税。

（3）企业购买国债的利息所得，均免征所得税；可流通政府债券的转让要缴纳印花税。

（4）企业购买金融债券的利息，收益人通常需要缴纳所得税。以国家名义发行的金融债券利息所得，免征个人所得税。

（5）企业债券可以转让，当发行企业破产清算时，债券优于股权清偿，所以购买企业债券的风险要小于股票投资风险。在我国，企业债券所得要缴纳所得税，当转让企业债券时要缴纳印花税。

（6）企业之间进行资金拆借时，企业拆借资金所获得的利息需缴纳所得税。

根据这些现行税法政策，企业可以结合投资的实际情况对金融投资活动进行有效的纳税筹划。

3.4.13　企业并购的纳税筹划

企业在并购其他企业时也需要进行纳税筹划，且有效的纳税筹划能够大幅减轻企业并购活动承担的税负。在并购活动中开展纳税筹划的重点有两个：一是并购其他企业后，企业整体税负的增减；二是企业并购行为中产权支付方式的选择。一般情况下，高利润企业会通过并购高亏损企业的方式冲减自身利润，这样企业所得税税负也可以有效减轻。

案例

A 企业是一家集团型生产企业，2020 年 A 企业经营效益良好，A企业为满足后续市场发展需求决定扩大集团规模，提高企业生产能力。这时 A 企业决定并购其他企业。A 企业并购的首选目标是自己产品的原料公司 B 企业，因为 B 企业自身经营不善，已经进入资不抵债的状态。经过专业机构评估，B 企业总资产为 4 000 万元，负债总额为 6 000 万元，不过 B 企业的生产线良好，这条生产线正是 A 企业产品的原料生产线，生产线原值为 1 400 万元，其中不动产作价 800 万元，生产设备作价 600 万元，专业机构结合市场发展现状进行评估后，B 企业生产线的评估值达到了 2 000 万元。其中不动产作价 1 200 万元，生产设备作价 800 万元。那么这时 A 企业应该选择怎样的方式并购 B 企业？

【方案一】承债式整体并购。我国现行税法规定，企业产权交易行为不缴纳增值税。B 企业总资产为 4 000 万元，负债总额为 6 000 万元，处于严重的资不抵债状态，B 企业通过清算程序后，需要缴纳企业所得税。这时如果 A 企业选择承债式整体并购 B 企业，则需要承担 B 企业的债务，这对 A 企业而言是一种不利的并购行为，也是一种没有必要的并购行为。因为按照专业机构评估，A 企业所需生产线的价值为 2 000万元，为此 A 企业没必要承担 6 000 万元的债务。所以这种方式并不可取。

【方案二】将 B 企业先分后并。A 企业和 B 企业商议，让 B 企业将 A 企业的原料生产线单独包装成一个全资子公司 C，C 企业资产为 A企业的原料生产线，评估价值为 2 000 万元，同时 C 企业负债 2 000 万元，这样 C 企业的净资产为 0。这时 A 企业再并购 C 企业。这种情况下，按照我国现行税法规定，企业产权交易行为不缴纳增值税。但 B 企业分设 C 企业时需要缴纳企业所得税。按照我国现行税法规定，被分设企业应视为按公允价值转让其被分离出去的部分或全部资产，计算被分离资产的财产转让所得，依法缴纳企业所得税。所以 B 企业需要按公允价值 2 000 万元缴纳企业所得税，应纳税额为 2 000×25%=500（万元）。而 A 企业并购 C 企业后，根据现行税法规定，A 企业的并购行为应视为按公允价值转让、处置全部资产，计算资产转让所得，并缴纳企业所得税。不过 C 企业净资产为 0，所以转让所得为 0，则 A 企业不需要缴纳企业所得税。

由此可见，有效的企业并购纳税筹划可以使企业节省大量纳税成本，给企业发展带来显著的促进效果。

案例

2020 年，某投资公司 A 向科技公司 B 注资 500 万元，A 公司占 B 公司注册资本的 10%。同年，B 公司又向投资公司 C 借款 500 万元，双方约定借款期为 1 年，到期 B 公司需要按照 10% 利率向 C 公司支付利息。2020 年年底，B 公司向 A 公司进行利润分红 50 万元，B 公司又以 500 万元回购 A 公司持有 B 公司 10% 的股权。同时，B 公司按照约定向 C 公司支付了 500 万元借款本金以及 50 万元的利息。

这种情况下，投资公司 A 和投资公司 C 在 2020 年都向 B 公司支付了 500 万元，同时获得了 50 万元收益。但两者的纳税情况却存在较大差异。假设 A 公司和 C 公司在 2020 年无其他投资活动，按照我国现行税法规定，A 公司 2020 年需要缴纳的增值税为 0，企业所得税也为 0，而 C 公司则需要缴纳增值税 50÷（1+6%）×6%=2.83（万元），企业所得税（50-2.83）×25%=11.79（万元），这是因为 A 公司的投资业务属于权益性投资，按照我国现行税法规定不征收增值税，同时 A 公司获得的 50 万元分红属于免税收入，自然 A 公司也不需要缴纳企业所得税。而 C 公司贷款给 B 公司获得的 50 万元利息属于利息所得，按照现行税法规定需要按照 6% 的税率缴纳增值税，另外，C 公司还要按照 25% 的税率缴纳企业所得税，这就导致了两家公司的纳税差异。

3.5　企业产权重组的纳税筹划

产权重组是企业发展过程中对组织结构进行调整创新的行为，通过产权重组，企业能够优化主体结构、强化发展实力、提升市场竞争力，而产权重组的过程也涉及各种税收，下面针对产权重组的重点进行纳税筹划的分析。

3.5.1　企业分立的纳税筹划

随着我国社会经济发展，企业进行产权重组的行为越发频繁、规范，其中采用企业分立形式进行纳税筹划已经是一种常见的纳税筹划策略。我国现行税法规定，企业分立后的新企业将作为独立的纳税主体，按照所适应的税法规定征收企业所得税，这一政策为企业纳税筹划提供了一定空间。下面分析企业分立时纳税筹划的重点。

根据我国现行税法规定，企业分立后各企业分别按照现行税法的纳税条件进行纳税，分立前企业未了的税务事宜由分立后的企业继承。

需要注意的是，我国税法明确规定企业分立后的各项资产在缴纳企业所得税时不能因为企业分立而对有关资产等进行计提折旧，需要按照分立前企业资产账面价值计价。在剩余折旧期内按照资产账面价值计提折旧的部分，需要在计算所得税时进行调整，多计的部分不能在税前扣除。这项规定是为了规范企业分立时的资产评估，防止一些企业通过分立减小资产总值进而逃税的行为。所以企业通过分立进行纳税筹划时一定要注意不要碰触这一红线，这也是税务部门在企业分立过程中严查的内容。

企业通过分立进行纳税筹划的主要思路为，企业分立后各分立企业可以根据自身情况重新适配纳税条件，可以享受到很多税收优惠政策，这些政策可以有效扩大企业的纳税空间。不过我国税法对企业分立进行了明确规定，企业需要根据下列税法要求，完成企业分立过程中的税务处理，之后才能有效开展纳税筹划，否则很容易因为企业分立，给企业纳税带来负担。

《财政部 国家税务总局关于企业重组业务企业所得税处理若干问题的通知》（财税〔2009〕59号）规定如下。

企业分立，当事各方应按下列规定处理。

1. 被分立企业对分立出去资产应按公允价值确认资产转让所得或损失。

2. 分立企业应按公允价值确认接受资产的计税基础。

3. 被分立企业继续存在时，其股东取得的对价应视同被分立企业分配进行处理。

4. 被分立企业不再继续存在时，被分立企业及其股东都应按清算进行所得税处理。

5. 企业分立相关企业的亏损不得相互结转弥补。

企业分立，被分立企业所有股东按原持股比例取得分立企业的股权，分立企业和被分立企业均不改变原来的实质经营活动，且被分立企业股东在该企业分立发生时取得的股权支付金额不低于其交易支付总额的85%，可以选择按以下规定处理。

1. 分立企业接受被分立企业资产和负债的计税基础，以被分立企业的原有计税基础确定。

2. 被分立企业已分立出去资产相应的所得税事项由分立企业承继。

3. 被分立企业未超过法定弥补期限的亏损额可按分立资产占全部资产的比例进行分配，由分立企业继续弥补。

4. 被分立企业的股东取得分立企业的股权（以下简称"新股"），如需部分或全部放弃原持有的被分立企业的股权（以下简称"旧股"），"新股"的计税基础应以放弃"旧股"的计税基础确定。如不需放弃"旧股"，则其取得"新股"的计税基础可从以下两种方法中选择确定：直接将"新股"的计税基础确定为零；或者以被分立企业分立出去的净资产占被分立企业全部净资产的比例先调减原持有的"旧股"的计税基础，再将调减的计税基础平均分配到"新股"上。

从上述规定可以看出，我国税法对企业分立的纳税情况考虑较为全面，企业分立之后纳税条件可以重新评定。分立后的企业也可以根据自身情况享受优惠政策，进而减轻税负。

案例

A 公司 2020 年年底决定进行分立，分立之前 A 公司 2020 年应纳税所得额为 15 万元，适用的企业所得税税率为 25%。按照这一条件计算，A 公司 2020 年应纳所得税额为 $15 \times 25\% = 3.75$（万元）。那么 A 公司分立后的所得税纳税情况有什么变化呢？

2021 年年初，A 公司完成了分立。分立后变为了 B、C 两家公司。假设 B、C 两家公司的应纳税所得之和为 15 万元，其中 B 公司应纳税所得额为 12 万元，C 公司应纳税所得额为 3 万元。按照我国现行税法规定，结合 B、C 两家公司实际情况，则 B 公司适用的企业所得税税率为 13%，而 C 公司还能够享受中小企业的税收优惠政策，适用税率为 6%，那么两家公司应纳税总额为 $12 \times 13\% + 3 \times 6\% = 1.74$（万元）。

对比之后可以发现，A 公司分立后减少税额 $3.75 - 1.74 = 2.01$（万元）。由此可见，企业分立是很多企业进行纳税筹划的有效方法。结合我国当前税收环境可以看出，这种纳税筹划方法对中小企业更为有利。

3.5.2　企业合并的纳税筹划

企业合并的纳税筹划原理与企业分立的纳税筹划原理基本相似，都是通过企业组织结构的变更进行纳税筹划。筹划策略同样是根据企业经营实际情况，对比组织结构变更后的纳税筹划空间，之后选择更有利的经营形式。

目前，我国税法对企业合并行为也进行了规范，《财政部　国家税务总局关于企业重组业务企业所得税处理若干问题的通知》（财税〔2009〕59号）规定如下。

企业合并，当事各方应按下列规定处理。

1. 合并企业应按公允价值确定接受被合并企业各项资产和负债的计税基础。

2. 被合并企业及其股东都应按清算进行所得税处理。

3. 被合并企业的亏损不得在合并企业结转弥补。

企业合并，企业股东在该企业合并发生时取得的股权支付金额不低于其交易支付总额的85%，以及同一控制下且不需要支付对价的企业合并，可以选择按以下规定处理。

1. 合并企业接受被合并企业资产和负债的计税基础，以被合并企业的原有计税基础确定。

2. 被合并企业合并前的相关所得税事项由合并企业承继。

3. 可由合并企业弥补的被合并企业亏损的限额＝被合并企业净资产公允价值×截至合并业务发生当年年末国家发行的最长期限的国债利率。

4. 被合并企业股东取得合并企业股权的计税基础，以其原持有的被合并企业股权的计税基础确定。

根据上述规定，企业可以了解企业合并后的纳税条件与纳税方式。相比企业分立而言，企业合并的纳税筹划可以分为两个重点，分别为亏损弥补的纳税筹划和支付方式的纳税筹划。下面详细分析。

1. 亏损弥补的纳税筹划

企业亏损弥补的纳税筹划是指企业通过合并方式减轻亏损情况下的税负，同时扩大纳税筹划空间。

案例

A 公司是一家成熟的建筑公司，该公司 2020 年实现的应纳税所得额为 800 万元，不过 A 公司的下属公司 B 却处于亏损状态。2020 年年底，B 公司已经亏损 80 万元，且处于无法支付员工工资的状态。这种情况下，A 公司主动将 2020 年的利润中的 15 万元转给 B 公司，主要目的是帮助 B 公司支付员工工资。但由于 A 公司和 B 公司都是财务独立核算的公司，根据我国现行税法规定，两家公司都是独立纳税人，所以 A 公司支付给 B 公司的 15 万元并不能税前扣除，A 公司因为这一行为在 2021 年年初受到了税务机关处罚。这种情况下，A 公司可以通过企业合并重新进行纳税筹划。

B 公司注销营业执照，A 公司与 B 公司合并，B 公司的主营项目变为 A 公司的兼营项目。按照我国现行税法规定，合并之后 A 公司计算企业所得税时可以计算原 B 公司的损失，这时 A 公司转给 B 公司的 15 万元不仅能够内部抵销，B 公司亏损的 80 万元还能够在税前扣除。

根据我国现行税法规定，纳税人发生年度亏损时可以用下一纳税年度的所得进行弥补，下一年度的纳税所得不足弥补的，还可以延续弥补，延续年限最长不超过 5 年。所以 A、B 公司 2021 年完成合并后，B 公司 2020 年的 80 万元可以用合并后公司 2021 年的所得额进行弥补。假设合并后 A 公司 2021 年应纳税所得额仍为 800 万元，实际需要缴纳所得税的所得额则为 800-80=720（万元），可见通过合并，企业能够有效减轻税负。

2. 支付方式的纳税筹划

企业在合并过程中，合并企业需要支付被合并企业一部分合并价款，这涉及了支付问题，而不同的支付方式对应着不同的纳税条件，所以企业合并的支付方式也存在一定的纳税筹划空间。

目前，企业合并过程中常见的支付方式有以下四种。

（1）以现金收购被合并企业股票。

（2）以股票换取被合并企业股票。

（3）以股票＋现金换取被合并企业股票。

（4）以信用债券换取被合并企业股票。

支付方式不同，企业的所得税处理方式也不同，这决定着被合并企业是否需要缴纳所得税，还影响着合并企业支付给被合并企业的股利折现、资产增值部分的折旧等问题，所以支付方式存在较大的纳税筹划空间。

按照我国现行税法规定，一家企业合并另外一家企业时，如果合并企业采用企业有表决权的股票按照一定比率换取被合并企业股票的方式合并，同时被合并企业的股东没有收取现金，这种情况属于免税合并。因为股票转换不同于资产转让，两家企业的股票变动属于免税范围，两家企业没有实现资本利得，自然这种合并方式属于免税合并。不过，在合并后，企业股东出售股票时产生的资本利得需要纳税或补税。

针对这一情况，企业可以通过股票支付方式在不缴纳资本利得和所得税的情况下进行资产流动和转移，这常见于企业股东进行项目追加投资和资产多样化变动的活动中。

如果企业通过"股票＋现金"的方式换取被合并企业的股票，这种合并属于部分应税合并。被合并企业股东收到的现金会被视为其持有企业股票取得的收入，所以这部分现金要计算处置利得，之后就根据计算结果缴纳所得税。

如果企业通过现金或信用债券方式购买被合并企业的股票，这种合并方式属于应税合并，因为被合并企业股东产生了资本利得，自然需要按照资本利得计算所得税。

3.5.3　资产重组的纳税筹划

企业资产重组是指企业资产拥有者、控制者与企业外部经济主体对企业资产的分布状态的重新组合、调整及配置，或者这些企业主体对企业资产权利进行重新配置。企业在资产重组过程中进行纳税筹划的思路同样是依据我国现行税法，通过变更企业组织结构改变自身纳税条件，进而享受更多税收优惠政策。

案例

A 公司是一家大型上市公司。2020 年 A 公司董事会决定，公司计划通过增发股票的方式，向该公司的实际控制人 B 公司发行 36 809 万股 A 股股票，进而收购 B 公司持有 C 公司的 50% 股权。A 公司增发股票的价格为 7.61 元 / 股。A 公司完成 C 公司 50% 的股权收购后，C 公司将正式成为 A 公司的控股子公司。

C 公司最初成立时的注册资本为 85 683.93 万元，其中 D 公司作为 C 公司的股东，出资占比为 25%，具体出资数额为 21 420.982 5 万元，其余出资由 B 公司提供，总计 64 262.947 5 万元，出资占比为 75%。由于 B 公司是境外公司，按照我国现行法律规定，B 公司在本次收购活动中自认购 A 公司股票发行结束之日起，3 年内不得上市交易或转让其认购的股票。在这次 A 公司的资产重组中，各公司的纳税情况应该如何计算？

当 A 公司的资产重组完成后，A 公司可以实现控制 C 公司的目的，《财政部　国家税务总局关于企业重组业务企业所得税处理若干问题的通知》（财税〔2009〕59 号）规定如下。

资产收购，受让企业收购的资产不低于转让企业全部资产的 75%，且受让企业在该资产收购发生时的股权支付金额不低于其交易支付总额的 85%，可以选择按以下规定处理。

（1）转让企业取得受让企业股权的计税基础，以被转让资产的原有计税基础确定。

（2）受让企业取得转让企业资产的计税基础，以被转让资产的原有计税基础确定。

由于 A 公司只收购了 C 公司 50% 的股权，没有达到 75% 的要求。所以 A 公司取得 C 公司股权的计税基础按照公允价值为基础计算，实际数额为 $7.61 \times 368\,090\,000 = 2\,801\,164\,900$（元）。而 B 公司作为被收购企业，其股东需要确认股权转让所得，按照股权转让所得 = 取得对价的公允价值 − 原计税基础公式计算，B 公司股东股权转让所得为 $7.61 \times 368\,090\,000 - 856\,839\,300 \times 50\% = 2\,372\,745\,250$（元），B 公司为境外公司，其适用的所得税税率为 25%，所以 B 公司股东应纳税额为 $2\,372\,745\,250 \times 25\% = 593\,186\,312.5$（元）。而 C 公司在这次活动中并不需要缴纳所得税。

【筹划策略】如果 A 公司资产充足且其他条件不变，B 公司作为 A 公司的实际控制人将 C 公司转让股权提高到 75%，则 A 公司可以满足上述政策中选择特殊性税务处理的条件。这时 B 公司暂时不确认股权转让所得，而 A 公司取得 C 公司股权的计税基础以被转让资产的原有计税基础确定，按照这一条件计算，实际计税税额则变为了 $856\,839\,300 \times 75\% = 642\,629\,475$（元），两者对比后可以发现，A 公司通过这一策略可以在当期节省 $2\,801\,164\,900 - 642\,629\,475 = 2\,158\,535\,425$（元）的应纳税所得额。由此可见，根据我国现行税法结合企业实际情况进行纳税筹划的重要性。

3.6　筹资、融资的纳税筹划

企业发展过程中，筹资、融资是经常发生的经营活动，通过筹资、融资，企业能够增强自身发展实力、把握更多发展机遇。但从纳税筹划角度思考，筹资、融资的方式、渠道代表着不同税负，影响着企业利益。

很多企业认为筹资、融资需要支付很多利息，这对企业经营而言是一种负担，所以企业更愿意通过自我积累的方式积蓄发展力量，目前这种状况在我国中小企业尤为常见。可站在税收角度分析，企业自我积累所承担的税负要重于企业向金融机构贷款承担的税负，企业向金融机构贷款承担的税负又重于企业间拆借融资所承担的税负，企业间拆借融资承担的税负又重于企业内部融资所承担的税负，由此可见，企业采用合适的方式进行筹资、融资可以有效减轻企业税负，从而降低企业融资成本，帮助企业把握更多发展机遇。所以，企业才会主动进行各种筹资、融资活动，这也是企业健康发展的一项措施。

下面针对企业筹资、融资相关的纳税筹划展开详细分析。

3.6.1　企业负债规模的纳税筹划

正常情况下，企业经营过程中都会通过负债方式进行不同程度的筹资、融资，而这些企业负债也能够为企业减轻一定的企业税负。不过企业要想通过负债合理减轻税负，就要对负债规模进行精准把握，把握的重点是把控企业债务资金和权益资金的占比。

企业在筹资、融资之前要充分思考负债的税收因素，根据企业实际经营情况选择合适的筹资、融资渠道。因为权益资金虽然可以长期使用，且无固定的股息负担，但企业无法将其作为费用列支，只能在税后利润中支付。企业债务资金需要到期偿付本息，企业负债期间需要承担到期无法偿付本息而导致破产的风险，但债务资金产生的利息，能够在税前扣除，可以有效减轻企业税负。精准把握两者的占比，能够确保企业资金充足，同时获取纳税筹划效益。

总体而言，企业只要保持息税前投资收益率高于负债成本率，就能够通过增大负债占比、增加负债金额，提高权益资金收益。但在这个过程中，企业需要根据实际情况把握负债风险，且不能因为盲目追求权益资金收益而过度负债，大幅增加企业经营风险。

3.6.2 企业间资金拆借的纳税筹划

企业之间的资金拆借不仅可以解决各类筹资、融资问题，还能够为企业纳税筹划提供诸多有利条件。企业资金拆借产生的利息和资金回收期限有较大弹性空间，企业可以根据自身实际情况通过提高支付利息，冲减企业利润，抵消纳税金额的方式减轻税负，不过企业需要尤其注意，企业资金拆借过程中提高支付利息的程度需要控制在合理的财务制度范围内，一旦超出合理范围，企业会面临严重的处罚。

案例

A公司和B公司为减轻经营税负，同时保障发展资金充足，通过资金拆借的方式进行相互投资。2021年A公司先向B公司投资150万元，同年B公司又向A公司投资130万元。其中A公司向B公司投资的150万元设定的回收期为10年，这10年间A公司向B公司收取的融资利息为年息14%，而B公司向A公司投资的130万元回收期设定为8年，B分公司向A公司收取的融资利息为年息12%。两家公司投资期间的平均盈利均为负债的100%，适用的税率均为25%。这种情况下两家公司的纳税情况会发生哪些变化？

A公司按照平均盈利为负债的100%、适用税率25%计算，A公司为支付B公司利息之前应纳税所得额为130万元，应纳税额为

130×25%=32.5（万元）。A公司按照年息12%的利率向B公司支付利息，利息支付额为130×12%=15.6（万元），在支付B公司利息后，A公司的应纳税所得额变为130-15.6=114.4（万元）。

B公司按照平均盈利为负债的100%、适用税率25%计算，B公司在支付A公司利息之前应纳税所得额为150万元，应纳税额为150×25%=37.5（万元）。B公司按照年息14%向A公司支付利息，利息支付额为150×14%=21（万元），在支付A公司利息后，B公司的应纳税所得额变为150-21=129（万元）。

通过这种方式，A、B两家公司在资金没有受到任何影响的前提下，各自减少了15.6万元、21万元应纳税所得额，如果A、B两家公司适当提高利息支付率，还能够再次减少应纳税所得额，可见合理使用企业间资金拆借的方式进行纳税筹划，不仅能够使企业税额减少、税负减轻，还能够增加企业税后利润。

3.6.3　向金融机构借款的纳税筹划

企业向金融机构借款是筹资、融资的一种重要方式，借款期间产生的利息是企业的纳税筹划重点。《中华人民共和国企业所得税法实施条例》第三十八条规定，非金融企业向金融企业借款的利息支出、金融企业的各项存款利息支出和同业拆借利息支出、企业经批准发行债券的利息支出准予扣除。所以企业实际发生与收入有关的合理支出是准予税前扣除的，这主要包括企业生产经营过程中合理的借款，以及企业购置、建造固定资产和无形资产发生的借款，这类向金融机构借款产生的利息是可以在税前扣除的。

不过企业向金融机构借款并进行纳税筹划时需要注意一点，根据《企业所得税税前扣除凭证管理办法》（国家税务总局公告2018年第28号）第九条规定，企业在境内发生的支出项目属于增值税应税项目的，对方为已办理税务登记的增值税纳税人，其支出以发票（包括按照规定由税务机关代开的发票）作为税前扣除凭证。所以企业向金融机构借款并开展纳税筹划时一定要取得相关发票，这是企业开展纳税筹划的重要依据。

3.6.4　信贷的纳税筹划

企业信贷作为是一种以偿还和付息为条件的价值运动形式，是企业发展过程中的一种筹资、融资方式。这种筹资、融资方式更注重企业信用，所以这种筹资、融资方式在信用较好的大型成熟企业中更常见。

由于信贷是我国用有偿方式动员和分配资金的重要形式，所以这种价值运动能够充分发挥经济杠杆作用，且能给企业发展带来有力帮助。目前，我国政府为促进企业发展，已经放宽了企业信贷申请条件，这有效改善了我国企业的纳税环境。

因为企业信贷的放款机构大多为银行，而银行贷款利率明显低于其他金融机构，所以通过信贷，企业既能够获得发展资金，又可以降低筹资成本，这对我国企业发展十分有利。根据我国现行税法规定，银行的贷款利息，取得发票的，可以在所得税前进行扣除，所以企业信贷也能够为企业减轻一定税负。但在进行企业信贷纳税筹划时，企业一定要注意及时取得银行的相关发票，这是企业合法减轻税负的重要凭证。

3.6.5　股权筹资、债权筹资的纳税筹划

企业无论是进行股权筹资还是债权筹资，都需要进行纳税筹划，这样才能让宝贵的资金真正用在企业经营之中。

1. 税法依据

在股权筹资、债权筹资过程中，企业会遇到很多涉税问题，其必须根据相关税法，制定相应的纳税筹划方案。《中华人民共和国企业所得税法实施条例》第七十一条规定如下。

企业所得税法第十四条所称投资资产，是指企业对外进行权益性投资和债权性投资形成的资产。

企业在转让或者处置投资资产时，投资资产的成本，准予扣除。

投资资产按照以下方法确定成本：

（一）通过支付现金方式取得的投资资产，以购买价款为成本；

（二）通过支付现金以外的方式取得的投资资产，以该资产的公允价值和支付的相关税费为成本。

《中华人民共和国企业所得税法》第四十六条规定如下。

企业从其关联方接受的债权性投资与权益性投资的比例超过规定标准而发生的利息支出，不得在计算应纳税所得额时扣除。

《中华人民共和国企业所得税法》第三十一条规定如下。

创业投资企业从事国家需要重点扶持和鼓励的创业投资，可以按投资额的一定比例抵扣应纳税所得额。

《中华人民共和国企业所得税法实施条例》第九十七条规定如下。

企业所得税法第三十一条所称抵扣应纳税所得额，是指创业投资企业采取股权投资方式投资于未上市的中小高新技术企业 2 年以上的，可以按照其投资额的 70% 在股权持有满 2 年的当年抵扣该创业投资企业的应纳税所得额；当年不足抵扣的，可以在以后纳税年度结转抵扣。

《中华人民共和国企业所得税法》第四十七条规定如下。

企业实施其他不具有合理商业目的的安排而减少其应纳税收入或者所得额的，税务机关有权按照合理方法调整。

《中华人民共和国企业所得税法实施条例》第一百一十九条规定如下。

企业所得税法第四十六条所称债权性投资，是指企业直接或者间接从关联方获得的，需要偿还本金和支付利息或者需要以其他具有支付利息性质的方式予以补偿的融资。

企业间接从关联方获得的债权性投资，包括：

（一）关联方通过无关联第三方提供的债权性投资；

（二）无关联第三方提供的、由关联方担保且负有连带责任的债权性投资；

（三）其他间接从关联方获得的具有负债实质的债权性投资。

企业所得税法第四十六条所称权益性投资，是指企业接受的不需要偿还本金和支付利息，投资人对企业净资产拥有所有权的投资。

企业所得税法第四十六条所称标准，由国务院财政、税务主管部门另行规定。

《金融资产投资公司管理办法（试行）》规定如下。

金融资产投资公司收购银行债权，不得由该债权出让方银行使用资本金、自营资金、理财资金或其他表外资金提供任何形式的直接或间接融资，不得由该债权出让方银行以任何方式承担显性或者隐性回购义务。

进行相关纳税筹划时，必须注意以上税法依据，合理进行纳税筹划。

2. 纳税筹划方案

选择股权筹资还是债权筹资，需要根据实际情况进行，对比两种模式，才能找到最佳纳税筹划方案。

案例

A 企业面临巨大的资金周转风险，为了获得周转资金，其决定向企业职工进行筹资。财务人员说，可以使用股权筹资或债权筹资两种方式进行筹资。前者是企业职工投资入股，后者是债权性筹资方式，也就是向职工集资借款。那么，该企业选择哪种方式的税负较轻？

分析如下。

对职工方面的纳税，给职工分红时，应按利息、股息、红利所得代扣代缴 20% 的个人所得税。

而对企业本身，根据《中华人民共和国企业所得税法》第十条第一款规定：向投资者支付的股息、红利等权益性投资收益款项，不得扣除。

这就意味着，如果选择股权筹资的方式吸引职工融资，那么 A 企业的职工如果入股 1 000 万元，假设年底企业盈利 1 000 万元，缴纳企业所得税 250 万元，年终职工分红 100 万元，应代扣代缴股息、红利个人所得税 20 万元，合计缴税 270 万元。

债权筹资的相关规定如下。

《国家税务总局关于企业向自然人借款的利息支出企业所得税税前扣除问题的通知》（国税函〔2009〕777号）的规定如下。

（1）企业向股东或其他与企业有关联关系的自然人借款的利息支出，符合规定条件的，允许扣除。

（2）企业向除上述规定以外的内部职工或其他人员借款的利息支出，其借款情况同时符合以下条件的，其利息支出在不超过按照金融企业同期同类贷款利率计算的数额的部分，准予扣除。

①企业与个人之间的借贷是真实、合法、有效的，并且不具有非法集资目的或其他违反法律法规的行为。

②企业与个人之间签订了借款合同。

需要注意的是，企业向个人借款，向其支付利息，取得的收据不能作为税前扣除的凭据，所发生的费用不能在企业所得税前扣除。如果想要进行抵扣，那么企业应要求个人前往税务机关代开发票，获得正规发票后才能进行税前扣除。

3.6.6 融资租赁的纳税筹划

融资租赁是目前市场中常见的非银行金融形式的企业融资方式。这种融资形式是指出租人根据承租人需求，与供货商签订供货合同，之后根据合同出租人出资购买承租人选定的设备，并根据出租人与承租人之间的租赁合同，向承租人收取一定资金的融资方式。在这项融资活动中，承租人是主要需求主体，设备提供方不是供货商，而是承租人。租赁期间承租人只拥有该设备的使用权，付清租金后，承租人可以按残值购入该设备，从而获得该设备的所有权。

这种方式既可以直接跳过承租人筹集资金、购买企业经营生产所需设备的环节，又可以避免企业投入较多资金购置固定资产的经营风险，所以这种方式是很多企业常见的融资方式。

另外，融资租赁对企业而言不仅可以按照固定资产全额计提折旧，还能够采用租金平衡支付方式冲减企业利润，减轻企业税负，所以融资租赁也是很多企业进行纳税筹划的一种经营策略。

3.6.7　权益筹资的纳税筹划

权益筹资是企业以发行股票并支付股息的方式来筹集资金的筹资方式，从财务角度分析，企业权益资金是企业投资者的投资及其增值中留存企业的部分，投资者不仅享有投资企业的权益，同时也需要承担相关责任，这部分资金在企业账目上体现为权益资本。

目前，权益筹资的主要方式有普通股筹资、优先股筹资和盈余筹资三种方式，其中主要的筹资方式为普通股筹资，这种筹资方式具有以下几个特点。

（1）企业发行的普通股筹措资本属于永久股权，这种筹资方式可以保证企业对资本的最低需求，有利于企业长期稳定发展。

（2）这种筹资方式对企业而言没有固定股利的负担，企业支付股利的标准视企业经营实际情况而定，所以这种筹资方式不存在不能偿付的风险。即投资者的实际收益视企业经营情况而定，投资者需要承担相应的投资风险。

（3）这种筹资方式能够有效提升企业举债能力，提升企业信誉。因为企业成功上市本就是企业市场地位的表现，也是企业实力的表现。企业上市发行普通股之后，股票发行便可以成为企业筹资的基础方式，企业长期筹资能力便得到了充分保障。

（4）正常情况下，企业上市发行普通股的预期收益较为可观，可以保障投资者抵御市场的影响，所以这类筹资方式比较受投资者欢迎。

总体而言，权益筹资对企业而言具有无须偿还本金，无固定利息，筹资风险低、收益高等优点，但权益筹资的成本较高，容易导致企业控制权分散，这是企业领导者与管理者需要注意的关键问题。

权益筹资作为现代企业常见的筹资方式，结合我国现行税法规定，可以得出权益筹资的纳税筹划重点主要体现在股票筹资、留存收益筹资两方面。

1. 股票筹资

企业进行普通股筹资时首先需要考虑发行股票的成本，因为企业普通股的发行费用较高，这是一笔重要的费用支出，不过按照我国税法规定，这项费用可以税前列支。在这一过程中，企业纳税筹划的重点是确保股票发行过程中相关的评估费、审计费、公证费、发行费等能够在税前扣除。其中值得注意的是，我国财政部、国家税务总局明确规定，企业为发行权益性证券支付给有关证券承销机构的手续费及佣金不得在税前扣除，所以这两项费用是企业发行股票期间需要注意的重点。

2. 留存收益筹资

留存收益筹资是指企业发行股票后，将留存收益转化为企业筹资，这种筹资方式主要体现为企业将一定时期经营所得的净收益留在企业账户中，不进行股利分配，这种筹资方式也可以视为企业股东对企业进行追加投资。

留存收益筹资可以让企业不发生实际的现金支出，保障企业的举债能力，同时企业控制权不受影响，但这种筹资方式往往需要一定时期的积累，可能会导致企业短时间的筹资能力受到影响。

企业留存收益筹资的纳税筹划重点是通过留存收益筹资，避免在企业收益向外分配时存在双重纳税问题。

3.6.8 项目融资的纳税筹划

项目融资是指企业以某一项目预期收益作为抵押取得贷款的融资方式，这一融资方式包括四个重点，分别为项目的项目形式、融资结构、资金结构以及信用保证结构，这四个重点的前三个正是企业进行纳税筹划的重点，以下分别叙述。

1. 项目形式

项目形式是指企业融资项目资产所有权的结构，这一结构决定了投资者对项目资产权益的拥有形式，以及投资者之间的合作关系。投资者的不同投资形式决定了该项目的税收条件，所以项目的投资结构是企业纳税筹划的重点。

目前，企业项目形式主要表现为构成法律实体和不构成法律实体两种形式，这两种形式的纳税筹划存在较大差异。

我国税法对构成法律实体的项目公司征收企业所得税，项目的税前利润作为股息分配给投资者时，投资者还需要缴纳一次个人所得税，所以以构成法律实体的项目公司需要负担两个层次的税收。另外，由于项目公司所得税和投资者个人所得税是彼此分离的，所以项目投资者即便具有某些税收优惠条件，项目公司也难以享受。

不构成法律实体的项目公司的纳税条件则完全不同，这一形式的项目公司取得的利润不需要缴纳企业所得税，但需要项目合伙人在分得收益时缴纳个人所得税，项目合伙人个人享受的税收优惠条件也可以全面体现。如果项目出现亏损，亏损能够按出资比例进行分摊，项目合伙人收益与其他收入支出合并后进行个人所得税申报，这种项目形式对项目合伙人而言更有利。所以这种项目形式也是当前更为常见的形式。

2. 融资结构

融资项目的融资结构对应着不同的税前、税收资金成本，对企业而言选择合适的融资结构不仅能确保项目获得更充足的资金，还能有效降低企业融资项目的资金成本。目前，常见的项目融资方式有长期借款、融资租赁、债券等方式，前文已经对这些融资方式的纳税筹划进行过分析，下面就站在这些融资方式的资金成本角度分析各自的优点。

（1）长期借款。对于一些建设周期较长、风险相对较大的融资项目，采取长期借款形式能够确保项目的稳定性。从纳税筹划角度分析，这类融资方式会产生借款利息和筹划费用，这两项费用都能够计入税前成本费用进行扣除或摊销，能够起到一定的抵税作用。

（2）融资租赁。前文已经对融资租赁的纳税筹划进行了详细分析，这种项目融资方式能够极大地减小项目前期的现金流压力，并拥有较大的纳税筹划空间，这种融资方式使用较多。

（3）债券。企业发行债券进行项目融资也是常见的融资方式，这种融资方式会产生债券利息和债券发行相关费用两项费用，不过这种融资方式与长期借款相同，产生的两项费用可以进行税前扣除。相比长期借款而言，债券产生的利息和相关费用更高，但筹资效果更好。

3. 资金结构

融资项目的资金结构是指项目股本金和债务资金的比例，在这一比例设计时需要充分考虑税收影响，设计出最轻税负的资金结构。

正常情况下，大多数融资项目以股本金形式筹资承担的税负要重于债务资金形式，所以很多企业在项目融资时会提高债务资金比例。从纳税筹划角度分析，企业融资项目的债务资金来源首先可以选择企业间拆借，其次是金融机构贷款。

结合我国现行税收政策可以得出，企业在设计融资项目资金结构时需要考量两方面的问题。一是债务资金产生的利息以及筹集费用可以在所得税前扣除，但权益资本只能扣除筹集费用，所以适当提高债务资金比例可以减轻企业税负。二是企业设计融资项目资金结构时要牢记，虽然债务资金能够减轻企业税负，但债务资金比例过高会导致融资项目的经营风险增加，影响企业的后续融资能力，所以这一比例是企业需要思考的重点。

通过以上分析可以得出，企业融资项目的纳税筹划是一个复杂的过程，但根据企业实际情况，选择合适的项目融资方式能够利用较低成本获取企业所需资金，同时确保企业税负保持在低水平状态。

案例

2021年，A公司决定投资800万元购置一台生产设备，该生产设备属于国家产业税收优惠政策范围，不过A公司购置该设备的资金不足，所以决定采取售后回租的融资租赁形式筹集资金。A公司的融资策略为，将目前使用了2年的一套原值为1000万元的生产设备出售给融资租赁公司B，该设备预计使用年限为10年，按照直线法计提折旧，该设备每年折旧费为100万元，已经折旧了200万元，所以最终净值为800万元。

之后 A 公司再与 B 公司签订售后回租的融资租赁合同，合同规定 A 公司租赁该设备的租期为 6 年，A 公司每年支付租金 180 万元，租金总额为 1 080 万元，到期后 A 公司再支付 B 公司 50 万元，便可以回收该设备的所有权。

A 公司出售该设备后获得了 800 万元资金，A 公司又对准备购置的新设备进行了详细调查，调查结果显示新设备无须安装便可以直接投入生产，预计使用年限为 8 年，按照直线法计提折旧，新设备期末无残值。

A 公司在购买新设备之前，未扣除折旧的税前利润为 1 000 万元，A 企业在购买新设备之后，预计每年可新增未扣除折旧的税前利润 300 万元，A 企业适用的企业所得税税率为 25%，那么 A 公司采用这种筹资方式购买新设备是否恰当呢？

在 A 公司盈利水平稳定的前提下，对 A 公司设备计提折旧进行纳税计算。A 公司原设备每年的折旧费为 100 万元，这部分费用可以进行税前扣除，所以 A 公司售后回租设备后可以节约企业所得税 $100 \times 25\% = 25$（万元）。

A 公司售后回租设备的应纳税额变为 1 000-100=900（万元），应纳所得税税额为 $900 \times 25\% = 225$（万元），税后利润为 900-225=675（万元）。但 A 公司出售旧设备的原因是筹集新设备的购买资金，购买新设备后 A 公司的年利润变为 900+300-100=1 100（万元），企业应纳所得税税额为 $1 100 \times 25\% = 275$（万元），企业利润变为 1 100-275=825（万元），A 公司未购置新设备前，税前利润为 $1 000-1 000 \times 25\% = 750$（万元）。

按照这一数据计算，A 公司 2021 年企业所得税增加了 275-225=50（万元），不过由于 A 企业购买的新设备属于税收优惠政策范围，这部分投资可以按照 40% 比例享受投资抵免政策，而增加的 50 万元所得税小于 A 公司上一年企业所得税税额，所以这 50 万元可以全额抵免，A 公司实际缴纳所得税的税额仍为 225 万元，而税前利润变为 1 100-225=875（万元）。按照这一数据计算，A 企业每年可以节省的企业所得税税额为 25+50=75（万元），年增加税收利润 875-750=125（万元）。

按照现行税法规定，A公司享受的抵免优惠政策最长不超过5年，所以随后的4年里，A公司的企业所得税税额都为225万元。不过第五年A公司抵免总额不足50万元，仅剩800×40%−50×4=120（万元），所以A公司第五年的企业所得税为275−120=155（万元）。

从第六年开始，A公司的企业所得税税额恢复为275万元，税前利润为1 100−275=825（万元）。第七年与第八年情况相同。

按照这一数据计算，8年时间里A公司共节约企业所得税75×4+25×4+120=520（万元）。A公司税前利润的增长虽然从第五年开始下降，但总体依然处于增长水平。由此可以看出，采用售后回租方式进行筹资不仅解决了A公司的筹资问题，而且为A公司减轻了520万元的税负，同时增加了利润。

3.7　企业采购过程的纳税筹划

要做好采购活动的纳税筹划，需要对产销结构和规模进行梳理，做好采购规模和结构规划，保证纳税筹划的合理性。

3.7.1　采购活动的纳税筹划步骤

采购活动涉及大量的资金往来，所以它是纳税筹划的重点内容。进项发票的管理与增值税纳税人类型的选择，则是重中之重。

1. 采购活动的纳税筹划

（1）做好进项发票的管理。

在制定纳税筹划方案前，企业领导必须建立这样的思维：采购一定要按照规范进行，并开具发票。部分企业，尤其是中小企业，往往由创始人负责采购事宜，其会认为向个人采购价格更便宜，即便没有发票。但是，随着我国"营改增"的全面推进及"金税四期"的进一步推行，税务管控越来越严格，尤其是大数据系统已经在税务机关得到广泛应用，其凭借强大的数据分析能力和自动化税务监管能力，能够快速分辨和识别出纳税人的各种不合规行为。

案例

A 公司购买了一项固定资产，其价值为 2 000 万元。为了压低价格，其中 1 000 万元公司最终没有要求开票。因此，这项固定资产的账面价值就是 1 000 万元。几年后，该固定资产报废，总的折旧额原本应该是 2 000 万元，但由于没有发票而减少了 1 000 万元的账面价值，总的折旧额就变为 1 000 万元，账面上的税前利润也因此虚增 1 000 万元。结果，企业不得不多缴纳 250 万元的企业所得税，企业的股东对其所得的分红也要多缴纳 200 万元的个人所得税。

除了对税务方面产生影响，没有取得正规发票也会导致账务处理不规范，给企业上市造成严重的阻碍。企业增资或创始人转让股权时，也会受到影响。采购活动纳税筹划的前提是合法合规地进行采购，并如实取得进项发票。只有做好这一点，企业才能进行下一步的纳税筹划。这也是企业制定纳税筹划方案、实现减轻税负目的的关键一步。

（2）增值税纳税人的类型。

在做好进项发票管理的基础上，纳税筹划人员还要谨慎选择增值税纳税人的类型。我国现行的增值税纳税人分为一般纳税人和小规模纳税人，两类纳税人的适用税率和税款抵扣制度各不相同，从哪类纳税人处采购将直接影响到增值税的税负。

通常来说，对于一般纳税人，建议从一般纳税人处采购，这样可以索取增值税专用发票，并按购进货物的适用税率抵扣进项税额。如果选择从小规模纳税人处采购，对方虽然可以找税务机关代开增值税专用发票（试点行业内的小规模纳税人可选择自行开具），但可以抵扣的税款很少。如果对方开具的是增值税普通发票，或从个体工商户处采购，那么就无法进行进项税额抵扣，这将不利于采购活动的纳税筹划。

2. 如何确定产销结构和规模

所谓产销，即生产和销售的总称，是企业获得利润的过程。产品生产和销售的结构与规模，会影响纳税筹划的合理性。例如生产的产品不能得到有效销售，那么企业不仅不能获得利润维持企业正常运转，还会因为各类物料采购、人员工资等支出产生负担，导致企业的发展受限。

在进行采购活动纳税筹划之前，要确定和优化企业的产销结构与规模，维持生产与销售的平衡，这样才能保证采购的原材料不断用于生产，没有产生浪费和闲置。

那么，企业该如何进行产销结构和规模的确认呢？最佳的方式是以销定产，即按需生产。

企业为了控制税负率与行业平均税负率持平，通常需要在给定税负率的情况下，确定当期需要认证的进项税额以及企业的产销规模。

增值税税负率＝应纳税额÷不含税销售额＝（销项税额－进项税额）÷不含税销售额＝（不含税销售额×适用税率－采购不含税金额×适用税率）÷不含税销售额＝毛利率×适用税率

在税负率一定的情况下，企业本期应认证抵扣的进项税额＝不含税销售额×适用税率－增值税税率×不含税销售额＝（适用税率－增值税税负率）×不含税销售额

比如，某一般纳税人2021年第二季度销售额为600万元（不含税），对外销售货物适用税率为13%，该企业所在行业平均税负率为3%，为了使企业税负率和行业平均税负率持平，该企业需要勾选认证的进项税额为（13%-3%）×600=60（万元）。

如果企业当期实际取得进项税额大于应勾选抵扣税额，可以留待下期认证抵扣，如果进项长期有剩余，企业应考虑对外销售定价是否合理、是否低于行业平均水平。

此外，供应商的选择也会影响进项税额，比如企业采购原材料时，供应商为一般纳税人，其可以开具 13% 税率的增值税普通发票。而供应商如果为小规模纳税人，其只能开具 3%（优惠税率为 1%，2022 年特殊优惠为免税）征收率的增值税普通发票，同为含税报价 113 万元的原材料，一般纳税人原材料不含税金额为 100 万元，进项税额为 13 万元；而小规模纳税人原材料实际不含税金额为 109.7 万元，进项税额为 3.3 万元。

如果企业某些采购活动无法取得进项发票，企业可以考虑将相关业务外包来解决进项不足问题；如果是供应商问题，可以考虑更换供应商。

总之，企业通过推算出当期需要的进项税额，就可以推算出企业当期需要采购的原材料数量以及当期的产量。

有了恰当的产销结构和规模，才能保证企业最大限度地获得利润，并符合税务机关的要求。企业必须结合自身的生产能力、资金周转速度和税负等因素，确定企业的生产量和销售方式。由于增值税、企业所得税以及折旧的共同作用，企业需要合理安排企业的产销结构，从而减轻税负。

3. 如何规划采购规模和结构

确定产销结构和规模后，企业还要规划采购规模和结构。但企业往往容易忽视这一点。事实上，企业的采购活动和产销活动是紧密相连的。企业采购为生产经营准备原材料、生产工具甚至劳动力，不同的采购规模与结构形成不同的产销规模与结构，同时也享受不同的税收待遇。

企业要做好采购规模和结构的规划，必须重视以下 4 点。

（1）固定资产的采购。

企业的大宗货物采购，一般为固定资产的采购。固定资产的采购，不仅关系着企业的生产规模、生产效率，还对企业税负有着重要的影响。这是因为固定资产计提折旧会对企业所得税税基产生影响。固定资产折旧多，则企业利润少，需缴纳的企业所得税就相应少。

在产权重组时，固定资产也会对税负产生影响。质量好的固定资产，如大型设备等，它的耐用程度高，这会让资产评估向有利于企业的方向发展。如果资产评估价值较高，那么在清算时抵扣得也就较多，从而实现减轻税负的目的。

（2）技术引进。

除了固定资产的采购，技术引进也是企业经常进行的采购行为。技术引进也属于采购，只是采购的商品与固定资产相比较为特殊。企业进行技术引进会对纳税筹划产生积极的影响，这是采购活动纳税筹划中非常重要的一环。

（3）劳动力的购置规模和结构。

企业劳动力的购置规模和结构，也会对采购活动纳税筹划产生影响。在购置劳动力的过程中，要遵循两个原则。

①节省费用，即应尽量避免造成较多的财务支出。劳动力购置支出不合理，可能导致企业需要缴纳较多税款。

②有效生产。购置的劳动力应当在短时间内即可投入生产、创造价值，否则也会造成成本浪费、税费增加。

3.7.2　采购管理与纳税筹划

做好采购管理，有利于实现纳税筹划的目的。

1. 采购管理的突出问题

目前我国企业的采购管理往往会出现以下问题。它们不仅会导致企业的税负变重，还会导致企业内部管理混乱，影响企业的正常生产工作。

（1）采购规模与结构混乱。

采购的规模与结构，需要通过生产计划确定。而生产计划的制定，依赖于两个方面的信息，即需求与资源。需求信息，同样来自两个方面，一方面是用户订单，另一方面是需求预测。只有结合这几方面的信息，才能制定精准的生产计划。

我国多数企业，尤其是制造业企业，生产方式大多是依据订单生产，不注重市场需求的预测，即在订单高峰期前大量采购原材料等。这种方式主要依赖经验，如往年 7 月是订单高峰期，那么今年 5 月就开始大量采购。

企业采用这种忽视市场需求的采购方式，一旦遭遇行业大变革，如市场需求转换、相关技术和产品被淘汰等，就会造成大量原材料被浪费。在这种情况下，采购活动不仅没有有效地促进生产，反而导致资金消耗、税负变重，企业无力运转。

（2）合同存在陷阱。

企业采购时，通常会以合同的形式与对方达成协议。多数采购合同都会有这样一项条款：全部款项付完后，由供货方开具发票。

表面上看，这项条款没有问题，但在实际中，这项条款存在陷阱。实际中，由于质量、标准等方面的原因，采购方往往不会完全付款，这种情况下，根据这项条款，采购方将无法取得发票，不能抵扣增值税，从而影响税负。

其实，解决这个问题的方法很简单，即将该项条款改为：根据实际支付金额，由供货方开具发票。

（3）采购合同核心交易不清。

签订采购合同要判断对方是生产企业、销售企业还是施工企业。三类不同的企业，产生的经济往来很有可能截然不同。

不同的采购销售行为适用不同的税率，财务人员如果没有提前确认，很有可能导致税收方面的风险。尤其对于房地产行业，这一点尤为明显。房地产采购合同和施工合同中的核心交易一般分为销售、施工、销售及施工这三种。如果核心交易是销售及施工，那么对生产企业来说，提供的是材料与施工或者设备与施工，销售及施工的价款是否在合同中分开列示，会让企业的税负不同。

财务人员在进行采购管理时，一定要注意三个方面的细节：

①对方是生产企业还是销售企业，或施工企业；

②合同价款是否清晰、是否分开表述；

③采购的货物是材料还是设备。

2. 采购中减轻税负的措施

在采购过程中，企业要引入科学的方法，实现合理采购，有效减轻税负。

（1）利用物资需求计划科学编制采购计划。

不少企业进行管理时，会引入企业资源计划（Enterprise Resource Planning，ERP）系统。ERP 系统是建立在信息技术基础上，集信息技术与先进管理思想于一身，以系统化的管理思想，为企业员工及决策层提供决策手段的管理平台。ERP 系统从供应链范围优化企业的资源，为企业的运转带来帮助。

ERP 系统先进和科学，但是多数企业无法成功应用。这是因为我国多数企业管理基础薄弱，无法全局把控规模庞大、操作专业的 ERP 系统。尤其在采购方面，该系统涉及的专业内容过多，企业很难在短时间内掌握相关操作技巧。

在这种情况下，这部分企业应引入更基础、更简洁的物资需求计划（Material Requirement Planning，MRP）系统。MRP 系统是面向采购工作，依据主生产计划、物料清单、现有存量和已订未交订单等资料，经由计算而得到各种依赖性需求物料的需求状况，同时提出各种新订单补充的建议，以及修正各种已开出订单的一种实用技术。引入 MRP 系统，企业的采购管理将会得到有效优化。MRP 系统在运转时，会通过以下步骤对采购工作进行指导。

①计算总需用量。

②计算净需求量。计算出总需用量后，再复核现有库存量（减项）、已订未交量（减项）、已指派用途量（加项，即应领用未出库余量），得到净需

求量。

③提出请购。根据外购的既定决策，对确定净需求量的材料提出请购的要求。

④确定应入库日期。在订购作业中，交货期和完工日期是两个关键因素。由于要保证在规定时间内交货和生产不间断，应提前一天或几天入库材料。

⑤资源优化。企业引入这种先进且实用的管理系统后，会发现采购规模与结构得到明显优化。企业可通过订单数量与市场预测确认采购计划，保证采购处于合理范畴，规避风险，有效减轻税负，提升企业活力。

（2）利用进项税额转出的纳税筹划。

采购过程的纳税筹划，重点围绕增值税销项税额、进项税额、进项税额转出以及应纳税额展开。

企业在采购过程中，如果可以确认进项税额不能抵扣，则应当将该进项税额直接计入有关货物成本。但如果不能判断，就可以采用先抵扣后转出的做法来进行纳税筹划。以下 3 种情况适宜采用这种方法。

①纳税人发生其他不予抵扣的项目（如生产免税产品领用的材料或基建工程领用生产材料等），购进时企业可以先将进项税额全部抵扣，待其确认为不予抵扣项目时再转出。

②购进货物既用于应税项目，又用于免税、非应税项目的，购进时企业可以先将进项税额用于免税项目的部分抵扣，达到推迟纳税时间的目的。

③非正常损失的在产品、产成品的外购货物或劳务的进项税额，必须做进项税额转出处理，应于期末确认后结合企业有关成本资料进行计算。

（3）优化采购流程。

合理、有效的采购流程，会大大减少企业所得税、增值税和关税成本。企业需要结合不同区域的税率和税费，减轻采购过程中的税负。

采购流程涉及供应链管理，是采购环节减轻税负的有效方法。在使用这种方法时，企业一定要认真分析各个国家、地区的税费管理制度，合理、合法地安排集团内关联企业的交易，在减轻整体税负的同时，降低相关税务风险。

（4）选择合理的结算方式。

多数企业进行采购时，采用现金采购或赊购。结算方式主要取决于采购方与销售方两者间的谈判。如果产品供应量充足，再加上采购方信用度高、实力强，采购方就能够获得赊购的权利。赊购，是有利于减轻税负的结算方式。

赊购从本质上来说，就是延迟付款，相当于企业获得了一笔无息贷款，且可以延迟缴税。赊购的具体类型有很多，在采购谈判时要选择利于己方的类型。

常用的结算方式的纳税筹划如下。

①使销售方接受托收承付与委托收款结算方式，尽量让销售方先垫付税款。

②在支付货款前，取得对方开具的发票。

③采取赊购和分期付款方式，使销售方先垫付税款，而自身获得足够的资金调度时间。

需要注意的是，赊购虽然可以延迟货款交付与纳税时间，但是在进行相关筹划时不能有损企业自身的商誉，如长期恶意欠款等，这样会使销售方丧失对企业的信任，反而给企业带来更多负面影响。

3.8 运营过程的纳税筹划

企业运营涉及的内容非常多，包括工资体系、福利体系、其他不动产和动产使用与购买等。运营过程中不同的行为会产生不同的税负。企业必须明确运营过程中相关行为的类型，结合税法，制定合理的纳税筹划方案。

3.8.1　合理的工资薪金总额的纳税筹划

制定合理的工资薪金总额，会大大增加纳税筹划的科学性。

1. 税法依据

针对企业的工资薪金，相关税法做出了如下规定。

《中华人民共和国企业所得税法实施条例》第三十四条规定如下。

企业发生的合理的工资薪金支出，准予扣除。

前款所称工资薪金，是指企业每一纳税年度支付给在本企业任职或者受雇的员工的所有现金形式或者非现金形式的劳动报酬，包括基本工资、奖金、津贴、补贴、年终加薪、加班工资，以及与员工任职或者受雇有关的其他支出。

《国家税务总局关于企业工资薪金和职工福利费等支出税前扣除问题的公告》（国家税务总局公告 2015 年第 34 号）第一条规定如下。

列入企业员工工资薪金制度、固定与工资薪金一起发放的福利性补贴，符合《国家税务总局关于企业工资薪金及职工福利费扣除问题的通知》（国税函〔2009〕3 号）第一条规定的，可作为企业发生的工资薪金支出，按规定在税前扣除。

《中华人民共和国企业所得税法实施条例》第四十条规定如下。

企业发生的职工福利费支出，不超过工资薪金总额 14% 的部分，准予扣除。

《中华人民共和国企业所得税法实施条例》第四十一条规定如下。

企业拨缴的工会经费，不超过工资薪金总额2%的部分，准予扣除。

《中华人民共和国企业所得税法实施条例》第四十二条规定如下。

除国务院财政、税务主管部门另有规定外，企业发生的职工教育经费支出，不超过工资薪金总额2.5%的部分，准予扣除；超过部分，准予在以后纳税年度结转扣除。

《国家税务总局关于企业工资薪金及职工福利费扣除问题的通知》规定如下。

《实施条例》第四十、四十一、四十二条所称的"工资薪金总额"，是指企业按照本通知第一条规定实际发放的工资薪金总和，不包括企业负担的职工福利费、职工教育经费、工会经费以及养老保险费、医疗保险费、失业保险费、工伤保险费、生育保险费等社会保险费和住房公积金。

2. 注意问题

进行合理的工资薪金总额的纳税筹划，有一个问题需要特别注意，那就是正确界定"工资薪金总额"与"合理工资薪金总额"。

对于工资薪金总额，《国家税务总局关于企业工资薪金及职工福利费扣除问题的通知》（国税函〔2009〕3号）规定，工资薪金总额是指企业按照本通知第一条规定实际发放的工资薪金总和，不包括企业的职工福利费、职工教育经费、工会经费以及养老保险费、医疗保险费、失业保险费、工伤保险费、生育保险费等社会保险费和住房公积金。

这条规定，即对工资薪金总额的明确规定。其中还说明：属于国有性质的企业，其工资薪金，不得超过政府有关部门给予的限定数额；超过部分，不得计入企业工资薪金总额，也不得在计算企业应纳税所得额时扣除。

而对合理工资薪金总额，《国家税务总局关于企业工资薪金及职工福利费扣除问题的通知》（国税函〔2009〕3号）规定如下。

《实施条例》第三十四条所称的"合理工资薪金"，是指企业按照股东大会、董事会、薪酬委员会或相关管理机构制订的工资薪金制度规定实际发放给员工的工资薪金。税务机关在对工资薪金进行合理性确认时，可按以下原则掌握：

（一）企业制订了较为规范的员工工资薪金制度；

（二）企业所制订的工资薪金制度符合行业及地区水平；

（三）企业在一定时期所发放的工资薪金是相对固定的，工资薪金的调整是有序进行的；

（四）企业对实际发放的工资薪金，已依法履行了代扣代缴个人所得税义务；

（五）有关工资薪金的安排，不以减少或逃避税款为目的。

工资薪金总额与合理工资薪金总额虽然只有两字之差，但对税负有不同的影响，所以，在制定纳税筹划方案时，一定要注意两者的差别。税务机关对工资薪金进行合理性判断的尺度：一是防止企业的股东以工资名义分配利润，二是防止企业的经营者不适当地为自己发放较多工资。如果不属于合理工资薪金，那么企业就需要按照工资薪金总额的纳税方式进行缴税。所谓"合理"，是由不同的行业、不同的企业、不同的岗位、不同的地区环境等决定的，实践中由税务机关根据具体的情况予以把握。

3. 纳税筹划方案

根据《中华人民共和国企业所得税法实施条例》规定，企业在计算应缴纳企业所得税时，可以扣除相当于计税工资总额14%的职工福利费，这是工资薪金总额的纳税筹划重点。企业财务人员需要根据这条规定，最大限度地减轻企业税负。

具体来说，可以通过如下几种方式进行纳税筹划。

（1）提供误餐补助。

目前，不少企业都会为员工提供免费午餐，但是这种服务在实际工作中会遇到诸多问题，例如个人口味不一、饮食习惯不同等，反而引起员工的抱怨。这时候，企业可以通过误餐补助的方式，在缴纳所得税时适用准予扣除规定。

根据规定，员工因公在城区、郊区工作，不能在工作单位或返回就餐，确实需要在外就餐的，根据实际误餐顿数，按特定标准领取误餐补助。但需要注意的是，如果不符合规定标准，同样需要缴税。

（2）提供交通工具。

随着中国各个城市的迅速发展，企业员工的通勤时间变长、交通费变多。同时，外出出差也会遇到类似的问题。企业可以通过一定的规划，提供免费的接送服务，或者将企业的车租给员工用，再相应地从员工的工资中扣除部分工资，予以调整。

通过这种方式，员工的名义工资额得到有效减少，能够少缴部分税款。这样做还有一点好处：企业统一用车通常会标明企业名称等，能够提升企业的知名度。

（3）提供免费外出旅游。

很多企业会为员工提供免费外出旅游的福利，通过这种方式也可以进行纳税筹划。部分企业是把钱发给员工，员工自己去旅游，这种方式就会产生个人所得税。

企业可以调整外出旅游的方式，以工会的名义定期为员工提供外出旅游的机会。这样，员工并没有取得实际收入，也没有得到实物和有价证券，因此就不用缴税。

（4）提供医疗、培训等福利。

部分企业会提供医疗福利，这也是准予扣除的范畴。除此之外，包括培训、子女福利等，都是可以减轻税负的活动。

例如，企业可以成立自己的培训中心，或者委托其他培训中心进行培训，也可以采取由员工自己选择、企业统一管理支出的方式进行培训。在进行培训的过程中，企业可以适当给员工提高工资，由员工自行安排培训的方式；企业也可以提供相应的培训课程。相对来说，后者的纳税筹划效果更加明显。

同时，企业还可以成立子女教育基金等，为员工的子女提供奖学金、助学金等教育上的保障。这些方面的支出由企业统一核算，按实际开支数目从员工的工资薪金所得中以一定的比例扣除。通过这样的方式，员工的实际工资收入将不会减少，但由于名义所得减少，所以需要纳税的部分也将减少。

（5）提供有关住房的设施和设备。

为了提升员工的福利，企业可以根据员工要求，批量定制家用设备，用较低的价格将这些家用设备租给员工，同时调整员工的工资额。有条件的企业，还可以为员工配备相应的公共设施等。当企业提供这些设备和设施时，其可以通过减少员工名义收入的方式有效进行纳税筹划。

合理的工资薪金总额，会对企业的纳税筹划产生深远影响。企业支付给员工的工资薪金，员工个人应缴纳个人所得税；对于支付超过计税工资的部分，不允许在税前扣除。所以，企业要根据员工的实际情况，由企业向员工提供福利，以减少企业所得税应纳税所得额。这样一来，员工的实际工资薪金并没有减少，但企业减少了应纳税所得额。

3.8.2　最优薪酬设计方案

为了保证纳税筹划的合理性和科学性，企业需要进行最优薪酬的设计。

1. 税法依据

针对最优薪酬设计方案，企业要根据如下法律法规进行设计。

《中华人民共和国个人所得税法》第三条规定如下。

个人所得税的税率：

（一）综合所得，适用百分之三至百分之四十五的超额累进税率；

（二）经营所得，适用百分之五至百分之三十五的超额累进税率；

（三）利息、股息、红利所得，财产租赁所得，财产转让所得和偶然所得，适用比例税率，税率为百分之二十。

《中华人民共和国个人所得税法》第六条规定如下。

应纳税所得额的计算：

（一）居民个人的综合所得，以每一纳税年度的收入额减除费用六万元以及专项扣除、专项附加扣除和依法确定的其他扣除后的余额，为应纳税所得额；

（二）非居民个人的工资、薪金所得，以每月收入额减除费用五千元后的余额为应纳税所得额；劳务报酬所得、稿酬所得、特许权使用费所得，以每次收入额为应纳税所得额。

……

2. 纳税筹划方案

针对最优薪酬的纳税筹划方案，可以从如下几个角度入手，实现纳税筹划的目的。

（1）针对研发人员的最优薪酬设计。

针对研发人员，《财政部 国家税务总局 科技部关于完善研究开发费用税前加计扣除政策的通知》（财税〔2015〕119号）规定如下。

一、研发活动及研发费用归集范围。

本通知所称研发活动，是指企业为获得科学与技术新知识，创造性运用科学技术新知识，或实质性改进技术、产品（服务）、工艺而持续进行的具有明确目标的系统性活动。

（一）允许加计扣除的研发费用。

企业开展研发活动中实际发生的研发费用，未形成无形资产计入当期损益的，在按规定据实扣除的基础上，按照本年度实际发生额的50%，从本年度应纳税所得额中扣除；形成无形资产的，按照无形资产成本的150%在税前摊销。研发费用的具体范围包括：

1.人员人工费用。

直接从事研发活动人员的工资薪金、基本养老保险费、基本医疗保险费、失业保险费、工伤保险费、生育保险费和住房公积金，以及外聘研发人员的劳务费用。

……

4.无形资产摊销。

用于研发活动的软件、专利权、非专利技术（包括许可证、专有技术、设计和计算方法等）的摊销费用。

5.新产品设计费、新工艺规程制定费、新药研制的临床试验费、勘探开发技术的现场试验费。

6.其他相关费用。

与研发活动直接相关的其他费用，如技术图书资料费、资料翻译费、专家咨询费、高新科技研发保险费，研发成果的检索、分析、评议、论证、鉴定、评审、评估、验收费用，知识产权的申请费、注册费、代理费，差旅费、会议费等。此项费用总额不得超过可加计扣除研发费用总额的 10%。

7. 财政部和国家税务总局规定的其他费用。

根据相关规定，企业可以在研究开发期间给研发人员多发放工资、奖金（包括全年一次性奖金），从而更多地享受加计扣除。当然，需要注意的是，增加的工资和奖金也会产生相应的个人所得税，所以多发放的工资等不要超过可加计扣除的范围，否则反而会使企业承担更重的税负。

（2）合理安排在职残疾人员。

企业合理安排在职残疾人员，也可以享受相应的纳税福利。

《中华人民共和国企业所得税法》第三十条规定如下。

企业的下列支出，可以在计算应纳税所得额时加计扣除：

（一）开发新技术、新产品、新工艺发生的研究开发费用；

（二）安置残疾人员及国家鼓励安置的其他就业人员所支付的工资。

《中华人民共和国企业所得税法实施条例》第九十六条规定如下。

企业所得税法第三十条第（二）项所称企业安置残疾人员所支付的工资的加计扣除，是指企业安置残疾人员的，在按照支付给残疾职工工资据实扣除的基础上，按照支付给残疾职工工资的 100% 加计扣除。……

安排残疾人员，不仅对薪酬设计非常有帮助，还会对企业其他方面产生积极的影响。

①残疾人员个人提供的加工、修理修配劳务，免征增值税。

②残疾人员所得，由纳税人提出申请，报市地方税务局审核批准，暂免征收个人所得税。

③对民政部门举办的福利工厂和街道办的非中途转办的社会福利生产单位，凡安置"四残"人员占生产人员总数 35%（含 35%）以上，暂免征收所得税。凡安置"四残"人员占生产人员总数的比例超过 10% 未达到 35% 的，减半征收所得税。

④对民政部门举办的福利工厂用地，凡安置残疾人员占生产人员总数 35%（含 35%）以上的，暂免征收土地使用税。

（3）为职工负担商业保险。

企业还可以为职工负担商业保险，这样也能有效减轻企业所得税税负。企业可将商业保险支出先计入应付工资或应付职工薪酬，然后由职工以个人名义购买商业保险，这样商业保险支出就可以间接在税前扣除。

《中华人民共和国企业所得税法实施条例》第三十五条规定如下。

……

企业为投资者或者职工支付的补充养老保险费、补充医疗保险费，在国务院财政、税务主管部门规定的范围和标准内，准予扣除。

需要注意的是，企业为职工负担的商业保险属于个人所得税的征税范围，会增加一定的员工个人所得税负担，在制定纳税筹划方案时要注意。

3.8.3　职工福利费的纳税筹划

所谓职工福利费，是指用于增加职工物质利益，帮助职工及其家属解决某些特殊困难和兴办集体福利事业所支付的费用。通常来说，企业的职工福利费主要包括如下内容。

（1）职工医药费。

（2）职工的生活困难补助。职工的生活困难补助指对生活困难的职工实际支付的定期补助和临时性补助，包括因公或非因工负伤等需要的生活补助。

（3）职工因工死亡的补助。

（4）集体福利的补贴。集体福利的补贴包括职工浴室、理发室、洗衣房、哺乳室、托儿所等集体福利设施支出与收入相抵后的差额的补助，以及未设托儿所的托儿费补助和发给职工的修理费等。

（5）其他福利待遇。其他福利待遇主要是指交通补贴、住院补贴等方面的福利费开支。

职工福利费也会产生相应的税负，所以应当制定纳税筹划方案。

1.　税法依据

对于职工福利费的税负问题，主要依据有如下法律法规。

《中华人民共和国个人所得税法实施条例》第十一条规定如下。

个人所得税法第四条第一款第四项所称福利费，是指根据国家有关规定，从企业、事业单位、国家机关、社会组织提留的福利费或者工会经费中支付给个人的生活补助费；所称救济金，是指各级人民政府民政部门支付给个人的生活困难补助费。

《财政部关于企业加强职工福利费财务管理的通知》规定如下。

一、企业职工福利费是指企业为职工提供的除职工工资、奖金、津贴、纳入工资总额管理的补贴、职工教育经费、社会保险费和补充养老保险费（年金）、补充医疗保险费及住房公积金以外的福利待遇支出，包括发放给职工或为职工支付的以下各项现金补贴和非货币性集体福利。

（一）为职工卫生保健、生活等发放或支付的各项现金补贴和非货币性福利，包括职工因公外地就医费用、暂未实行医疗统筹企业职工医疗费用、职工供养直系亲属医疗补贴、职工疗养费用、自办职工食堂经费补贴或未办职工食堂统一供应午餐支出、符合国家有关财务规定的供暖费补贴、防暑降温费等。

（二）企业尚未分离的内设集体福利部门所发生的设备、设施和人员费用，包括职工食堂、职工浴室、理发室、医务所、托儿所、疗养院、集体宿舍等集体福利部门设备、设施的折旧、维修保养费用以及集体福利部门工作人员的工资薪金、社会保险费、住房公积金、劳务费等人工费用。

七、企业按照企业内部管理制度，履行内部审批程序后，发生的职工福利费，按照《企业会计准则》等有关规定进行核算，并在年度财务会计报告中按规定予以披露。

在计算应纳税所得额时，企业职工福利费财务管理同税收法律、行政法规的规定不一致的，应当依照税收法律、行政法规的规定计算纳税。

《国家税务总局关于企业工资薪金及职工福利费扣除问题的通知》（国税函〔2009〕3号）规定如下。

四、关于职工福利费核算问题

企业发生的职工福利费，应该单独设置账册，进行准确核算。没有单独设置账册准确核算的，税务机关应责令企业在规定的期限内进行改正。逾期仍未改正的，税务机关可对企业发生的职工福利费进行合理的核定。

2. 注意问题

针对职工福利费的纳税筹划，有如下注意事项。

（1）确认不属于职工福利费的开支。

如下内容不属于职工福利费，在制定纳税筹划时要避免将其纳入职工福利费。

①退休职工的费用。

②被辞退职工的补偿金。

③职工劳动保护费。

④职工在病假、生育假、探亲假期间领取到的补助。

⑤职工的学习培训费。

⑥职工的伙食补助费（包括职工在企业的午餐补助和出差期间的伙食补助）。

（2）确保职工福利费在合理范围内。

企业必须保证职工福利费合理，没有出现超范围、超标准的情况。

《中华人民共和国企业所得税法》第八条规定如下。

企业实际发生的与取得收入有关的、合理的支出，包括成本、费用、税金、损失和其他支出，准予在计算应纳税所得额时扣除。

《中华人民共和国企业所得税法实施条例》第二十七条规定如下。

……企业所得税法第八条所称合理的支出，是指符合生产经营活动常规，应当计入当期损益或者有关资产成本的必要和正常的支出。

职工福利费作为企业的支出，需要符合以上两条规定。如果职工福利费超出合理的范畴，那么很有可能增加企业税负。

《中华人民共和国企业所得税法实施条例》第三十四条规定如下。

企业发生的合理的工资薪金支出，准予扣除。

前款所称工资薪金，是指企业每一纳税年度支付给在本企业任职或者受雇的员工的所有现金形式或者非现金形式的劳动报酬，包括基本工资、奖金、津贴、补贴、年终加薪、加班工资，以及与员工任职或者受雇有关的其他支出。

《中华人民共和国企业所得税法实施条例》对合理的工资薪金做出了明确和解释，其中虽然没有涉及职工福利费的合理性，但从对职工福利费列支的范围可以看出，其已隐含了对职工福利费税前扣除的合理性要求，即如果企业超过该文规定的范围，发放不合理的职工福利费，税法则不允许税前扣除。所以，针对职工福利费的纳税筹划，一定要保证其在合理的范围内，否则就必须进行相应的纳税调整。

（3）注意职工福利费核算的账册设置。

《国家税务总局关于企业工资薪金及职工福利费扣除问题的通知》（国税函〔2009〕3号）规定如下。

《财政部关于企业加强职工福利费财务管理的通知》（财企〔2009〕242号）规定如下。

......

（四）核算规范。企业发生的职工福利费，应当按规定进行明细核算，准确反映开支项目和金额。

可以看到，相关规定说明需要单独设置账册核算职工福利费，但没有明确说明如何单独设置账册，以及如何准确核算职工福利费。对企业来说，必须按照财政部门的规定，对财务开支进行规范；同时，还要按照税务部门的规定，对涉税问题进行规范。对企业职工福利费进行日常会计核算时，应该按照《财政部关于企业加强职工福利费财务管理的通知》的规定执行。

相关法规虽然没有对单独设置账册进行明确解释，但企业必须做好相应的统计工作。首先，企业应该单独设置核算职工福利费的专门账户，准确核算职工福利费的各项明细内容。其次，企业应当对发生的职工福利费从支出的预算计划审批，到原始凭证的审核和会计凭证的记载、复核，再到对有关职工福利费账户的登载和日常核算等都能够严格按照真实、清晰、规范和准确的要求进行，达到税务部门日常监督、检查的要求。

3. 纳税筹划方案

针对职工福利费的纳税筹划，重要的原则就是把职工福利费适当转化为劳动保护支出等，以此符合相关法律法规的准予扣除规定，从而减轻企业所得税税负。

案例

A企业每年会给职工发放防暑降温费。如果A企业给每位职工发放的防暑降温费为60元，那么为职工发放的防暑降温费属于职工福利费，只能按工资薪金总额的14%扣除；但是，如果企业为职工发放的防暑降温费属于劳动保护支出，可以100%扣除。

效果好的纳税筹划方案，就是为员工提供弹性福利，员工弹性福利又称自助餐式福利，这是一种新型的员工福利模式，员工可以从企业所提供的各种福利项目的选项中自由选择所需要的福利，一方面得到真正的实惠，另一方面也给企业纳税带来便利。

采用这种福利模式，企业应当结合薪酬管理和个人所得税，将为员工提供的弹性福利方案简单地分为按照工资薪金正常计入应纳税所得额的福利，以及属于员工可以享受的税前福利。例如各种非货币性福利，包括节假日礼品、购物卡、各种交通补贴、通信补贴等，这些都将纳入当月全部收入的应纳税所得额，有利于企业从工资薪金的角度进行纳税筹划。至于员工可以享受到的税前福利，企业可将福利费计入每位员工的工资薪金所得中合并计算，并代扣代缴个人所得税。

其他的各类文体项目、劳动保护项目，也都是弹性福利方案的组成部分。通过这种模式，员工能真实地感觉到企业给自己提供了福利，企业也能减轻税负，所以越来越多企业都在引入员工弹性福利模式。

案例

为了表彰上一年度优秀员工，A 公司购买了小轿车作为福利奖励。小轿车的所有权归公司，使用权归员工。A 公司与员工签订合同，在约定汽车费用和责任保险的归属问题后，进一步议定 5 年年限。5 年后，该名员工可以以较低的价格购买该车。

这样做的好处就在于，公司与员工的约定期内，车辆所有权属于公司，是公司的固定资产，可以计提折旧和列支相关费用。5 年后，员工通过较低的价格购买该车，获得了所有权，享受到了价格实惠。这种方式，既减轻了公司的负担，又使员工个人得到真正的奖励。

3.8.4　私车公用的纳税筹划

私车公用也是很多企业常见的现象。由于企业的自有车辆不够，或员工工作岗位较为特殊，员工必须将个人自有车辆用于企业公务活动，企业承担由此产生的费用。对于这类行为，企业应该如何进行纳税筹划？

1.　税法依据

对于私车公用，企业在进行纳税筹划时，需要依据如下法律法规。

《中华人民共和国企业所得税法》第八条规定如下。

企业实际发生的与取得收入有关的、合理的支出，包括成本、费用、税金、损失和其他支出，准予在计算应纳税所得额时扣除。

《中华人民共和国企业所得税法实施条例》第三十条规定如下。

企业所得税法第八条所称费用，是指企业在生产经营活动中发生的销售费用、管理费用和财务费用，已经计入成本的有关费用除外。

《国家税务总局关于个人因公务用车制度改革取得补贴收入征收个人所得税问题的通知》（国税函〔2006〕245号）规定如下。

一、因公务用车制度改革而以现金、报销等形式向职工个人支付的收入，均应视为个人取得公务用车补贴收入，按照"工资、薪金所得"项目计征个人所得税。

2.　注意问题

进行私车公用纳税筹划时，我们需要结合法律法规，确认税前列支的条件。

根据相关规定，私车公用发生的费用可以税前列支，但必须满足如下条件。

（1）在租赁合同中约定使用个人汽车所发生的费用由企业承担。

（2）企业与员工签订租赁合同。如果无偿使用，则会产生税务风险，税务机关可能会核定租金，要求企业纳税。

（3）租赁支出和承担的费用能取得发票。员工取得租金可以申请国家税务机关代开动产租赁发票。

（4）费用支出属于使用汽车发生的，对应该由员工个人负担的费用不能在企业所得税前列支。

对于私车公用，企业可以在所得税前列支的有汽油费、路桥费、维修费等。但如车辆保险费、车辆购置税和折旧费等，则不能在所得税前列支。

3.　纳税筹划方案

对于私车公用的纳税筹划方案，企业必须建立 3 个规范性的原则。

（1）签订协议。

如果企业需要进行私车公用，那么一定要与私车公用的员工签订私车公用书面协议，协议中明确说明车辆的相关情况、使用情况和费用分摊方式。如果缺少协议，那么私车公用就无法进行合理的纳税筹划。

（2）建立规范的制度。

对于私车公用，企业必须建立私车公用制度，明确记录车辆使用情况，分清是个人使用还是企业使用。同时，员工应向企业提供汽车租赁发票。

（3）规范核算。

明确私车公用费用税前扣除范围，不要将超出范围的内容，如车辆保险费、车辆购置税和折旧费等列入其中，这些费用应当由员工个人承担。

此外，除了这种标准化的私车公用，目前随着共享经济的发展，使用网约车会进一步规避风险，减轻企业税负。网约车开具的电子普通发票也可以按照发票上注明的税额，抵扣进项税。而且出行也有记录可查，能有效避免虚假报销。部分网约车平台已经推出企业出行业务，可以直接与企业财务部门对接，员工不需要垫付交通费，也免去了报销流程，更便捷高效。

3.8.5　资产损失的纳税筹划

企业在正常经营过程中，会因为各种问题出现一定的资产、财产损失。对于资产损失，企业该如何进行纳税筹划呢？

1. 税法依据

进行资产损失的纳税筹划时，企业要遵循《企业资产损失所得税税前扣除管理办法》相关规定。

第二条　本办法所称资产是指企业拥有或者控制的、用于经营管理活动相关的资产，包括现金、银行存款、应收及预付款项（包括应收票据、各类垫款、企业之间往来款项）等货币性资产，存货、固定资产、无形资产、在建工程、生产性生物资产等非货币性资产，以及债权性投资和股权（权益）性投资。

第三条　准予在企业所得税税前扣除的资产损失，是指企业在实际处置、转让上述资产过程中发生的合理损失（以下简称实际资产损失），以及企业虽未实际处置、转让上述资产，但符合《通知》[①]和本办法规定条件计算确认的损失（以下简称法定资产损失）。

第四条　企业实际资产损失，应当在其实际发生且会计上已作损失处理的年度申报扣除；法定资产损失，应当在企业向主管税务机关提供证据资料证明该项资产已符合法定资产损失确认条件，且会计上已作损

---

① 《通知》指《财政部 国家税务总局关于企业资产损失税前扣除政策的通知》。

失处理的年度申报扣除。

第五条　企业发生的资产损失，应按规定的程序和要求向主管税务机关申报后方能在税前扣除。未经申报的损失，不得在税前扣除。

第六条　企业以前年度发生的资产损失未能在当年税前扣除的，可以按照本办法的规定，向税务机关说明并进行专项申报扣除。其中，属于实际资产损失，准予追补至该项损失发生年度扣除，其追补确认期限一般不得超过五年，但因计划经济体制转轨过程中遗留的资产损失、企业重组上市过程中因权属不清出现争议而未能及时扣除的资产损失、因承担国家政策性任务而形成的资产损失以及政策定性不明确而形成资产损失等特殊原因形成的资产损失，其追补确认期限经国家税务总局批准后可适当延长。属于法定资产损失，应在申报年度扣除。

企业因以前年度实际资产损失未在税前扣除而多缴的企业所得税税款，可在追补确认年度企业所得税应纳税款中予以抵扣，不足抵扣的，向以后年度递延抵扣。

企业实际资产损失发生年度扣除追补确认的损失后出现亏损的，应先调整资产损失发生年度的亏损额，再按弥补亏损的原则计算以后年度多缴的企业所得税税款，并按前款办法进行税务处理。

2. 注意问题

企业资产损失涉及的内容有很多，所以企业在制定纳税筹划方案时往往容易忽视一些关键问题。如下关键点是企业必须特别注意的。

（1）申报时间。

税务部门对资产损失的申报时间有明确规定，如果提前或延后申报，这些损失都无法进行扣除。

案例

2018年，A企业于12月16日发生一起严重的事故，价值140万元的生产线因爆炸而毁坏，无人员伤亡。该生产线已计提折旧20万元，所以企业实际损失为120万元。

A企业在5天内统计完毕相关数据。但是，因为各种各样的原因，直到2019年2月，A企业的鉴定和审核才结束，并报主管税务机关确认和审批。最终，税务机关没有通过这一申报。

税务机关之所以做出这样的决定，是因为《企业资产损失所得税税前扣除管理办法》第三条有明确说明，企业发生资产损失时，必须及时进行处置。这样企业才能以获取资金时间价值为目的进行纳税筹划。案例中的A企业，应当于2018年12月31日前做出鉴定和审核并提交申请，这样才符合规定。

即便企业因为各种原因无法按照规定按时提交申请，也应及时向税务机关说明，适当延期申报。

《企业资产损失所得税税前扣除管理办法》第十三条规定如下。

属于专项申报的资产损失，企业因特殊原因不能在规定的时限内报送相关资料的，可以向主管税务机关提出申请，经主管税务机关同意后，可适当延期申报。

（2）各类申报材料。

资产损失申报，需要根据不同的损失类型向税务机关提供各类申报材料。所以，企业必须提前做好准备，以免因为材料不足而导致无法正常申报。

①企业货币资产损失包括现金损失、银行存款损失和应收及预付款项损失等。在申报这类损失时，企业需要准备如下材料。

a. 现金保管人确认的现金盘点表（包括倒推至基准日的记录）。

b. 现金保管人对现金短缺的说明及相关核准文件。

c. 对责任人由于管理责任造成损失的责任认定及赔偿情况的说明。

d. 涉及刑事犯罪的，应有司法机关出具的相关材料。

e. 金融机构出具的假币收缴证明。

②固定资产毁损、报废损失，为其账面净值扣除残值和责任人赔偿后的余额，企业在申报时应准备以下材料。

a. 固定资产的计税基础相关资料。

b. 企业内部有关责任认定和核销资料。

c. 企业内部有关部门出具的鉴定材料。

d. 涉及责任赔偿的，应当有赔偿情况的说明。

e. 损失金额较大的，或因自然灾害等不可抗力造成固定资产毁损、报废的，企业应留存备查自行出具的由法定代表人、主要负责人和财务负责人签章证实有关损失的书面申明。

③企业申报因金融机构破产、清算而发生存款类资产损失时，应准备以下材料。

a. 企业存款类资产的原始凭据。

b. 金融机构破产、清算的法律文件。

c. 金融机构清算后剩余资产分配情况资料。

④在建工程停建、报废损失，为其工程项目投资账面价值扣除残值后的余额，企业在申报时应准备以下材料。

a. 工程项目投资账面价值确定依据。

b. 工程项目停建原因说明及相关材料。

c. 因质量原因停建、报废的工程项目和因自然灾害和意外事故停建、报废的工程项目，企业应留存备查自行出具的由法定代表人、主要负责人和财务负责人签章证实有关损失的书面申明。

⑤企业在申报应收及预付款项坏账损失时，应准备以下材料。

a.相关事项合同、协议或说明。

b.属于债务人破产、清算的，应有人民法院的破产、清算公告。

c.属于诉讼案件的，应出具人民法院的判决书或裁决书，或仲裁机构的仲裁书，或被法院裁定终（中）止执行的法律文书。

d.属于债务人停止营业的，应有工商部门注销、吊销营业执照证明。

e.属于债务人死亡、失踪的，应有公安机关等有关部门出具的债务人个人的死亡、失踪证明。

f.属于债务重组的，应有债务重组协议及其债务人重组收益纳税情况说明。

g.属于自然灾害、战争等不可抗力而无法收回的，应有债务人受灾情况说明以及放弃债权声明。

⑥抵押资产被拍卖或变卖发生的资产损失。企业由于未能按期赎回抵押资产，使抵押资产被拍卖或变卖，其账面净值大于变卖价值的差额，可认定为资产损失，在申报时应准备以下材料。

a.抵押合同或协议书。

b.拍卖或变卖证明、清单。

c.会计核算资料等其他相关材料。

⑦由于自然灾害和意外事故毁损的在建工程，损失为其账面价值扣除残值、保险赔偿及责任赔偿后的余额部分，企业在申报时应出具如下材料。

a.有关自然灾害或者意外事故证明。

b.涉及保险索赔的，应当有保险理赔说明。

c.企业内部有关责任认定、责任人赔偿说明和核准文件。

⑧固定资产被盗损失，为其账面净值扣除责任人赔偿后的余额，企业在申报时应出具以下材料。

a.固定资产计税基础相关资料。

b.公安机关的报案记录，公安机关立案、破案和结案的证明材料。

c.涉及责任赔偿的，应有赔偿责任的认定及赔偿情况的说明等。

3. 纳税筹划方案

对于资产损失的纳税筹划，基本原则是内部证据要丰富和具有科学性，在节约鉴定成本的同时，减少企业纳税成本。

案例

A 企业为某食品生产加工上市企业，建立了完善的会计核算和内部控制制度，且拥有多名注册资产评估师、注册会计师和注册税务师。

2019 年年底，企业进行库房盘点时，发现生产用原材料短缺计 11 万元，某项固定资产发生损毁计 5 万元，合计发生财产损失 16 万元。有关税务师事务所表示，进行财产鉴定的费用为 2 000 元。

《财政部　国家税务总局关于企业资产损失税前扣除政策的通知》（财税〔2009〕57 号）第十三条规定如下。

企业对其扣除的各项资产损失，应当提供能够证明资产损失确属已实际发生的合法证据，包括具有法律效力的外部证据、具有法定资质的中介机构的经济鉴证证明、具有法定资质的专业机构的技术鉴定证明等。

因此，企业进行自行鉴定是可行的。要想符合法律法规的要求，企业需要由本企业的注册会计师、注册税务师以及注册资产评估师出具资产损失及评估报告、会计核算等有关资料，以及提供原始凭证、资产盘点表、相关经济行为的业务合同、企业内部核批文件及有关情况说明，同时向税务机关出具法定代表人、企业负责人和企业财务负责人对该事项真实性承担法律责任的申明，然后企业向当地的税务主管部门申请财产损失的报批。

在减少鉴定费用的同时，通过这样的纳税筹划，A企业2019年度可以降低纳税成本。扣除2 000元的税前扣除而引起的企业所得税减少额为2 000元×25%=500（元），实际上企业节约了2 000−500=1 500（元）的纳税成本。

3.9　企业生产环节的纳税筹划

企业生产经营过程中会产生各种费用，这些与生产经营相关的费用是企业纳税筹划的主要事项，尤其对中小企业而言，要想合理进行纳税筹划，其就需要从生产经营的环节出发，提前制定各种纳税筹划策略。

目前，与企业紧密相关的企业生产环节的纳税筹划主要有两个重点，分别是委托加工和固定资产折旧，下面详细分析这两个纳税筹划重点。

3.9.1　委托加工的纳税筹划

企业受自身规模影响，有些时候会出现生产力不足的情况，这时就需要选择用委托加工的方式进行生产。很多企业领导者认为，委托加工等于企业利润损失，所以不愿意采取这种经营方式。事实上，无论是从纳税筹划角度还是从企业经营角度，委托加工都是企业经营发展的有效方式。企业根据自身经营的实际情况将企业税负转移到委托加工企业，以此提升企业利润空间。

3.9.2　固定资产折旧的纳税筹划

在企业生产经营过程中，其不仅要考虑经营利润的获取，同时也要注重固定资产的折旧，这是企业控制收入与支出的关键。对企业纳税筹划而言，固定资产折旧是一个重要的纳税管理项目，因为固定资产折旧能够有效减轻企业税负，并通过纳税筹划提高企业经济效益。

固定资产折旧的纳税筹划在我国十分常见，这一纳税筹划策略随着我国税法变革也进行了多次升级，目前常见的固定资产的纳税筹划主要包括以下两种。

1. 针对固定资产时间价值开展的纳税筹划

企业固定资产除生产价值，还有时间价值。目前企业进行固定资产折旧的方式有很多，对应的税负也不同，不过通过比较固定资产时间价值，企业能够从中对比出更合适的固定资产折旧方法。

企业固定资产的折旧年限取决于固定资产的使用年限，但这一数值本就是一个预估值，所以固定资产使用年限会受到人为影响，企业可以结合实际经营情况，根据固定资产的时间价值进行有效的纳税筹划。比如通过缩短折旧年限，加速企业资本回收，从而使企业后期成本前移，前期利润后移。这种方式可以帮助企业合法延期缴纳所得税，企业资金压力可以有效减小。

案例

A 企业购置了一辆价值 50 万元的货车，使用年限为 8 年，残值为原值的 4%，该企业适用的所得税税率为 25%。按照直线法计提折旧，其年折旧额为 $50 \times (1-4\%) \div 8 = 6$（万元）。如果该企业资金成本为 10%，年金现值系数为 5.335，则这种折旧方法可以节约企业所得税税费 $6 \times 25\% \times 5.335 = 8.0025$（万元）。如果该企业将这辆货车的折旧年限设定为 6 年，按照直线法计提折旧，其年折旧额为 $50 \times (1-4\%) \div 6 = 8$（万元），该企业因折旧节约的所得税税费为 $8 \times 25\% \times 5.335 = 10.67$（万元），从企业固定资产的时间价值中可以看出，按照 6 年计提折旧更有利于企业发展。

2. 针对税法变动开展的纳税筹划

随着时代发展，我国企业税法进行了多次改革，我国税务部门推出了多项关于固定资产折旧的优惠政策，比如《财政部 税务总局关于设备 器具扣除有关企业所得税政策的公告》（财政部 税务总局公告 2023 年第 37 号）第一条规定，企业在 2024 年 1 月 1 日至 2027 年 12 月 31 日期间新购进的设备、器具，单位价值不超过 500 万元的，允许一次性计入当期成本费用在计算应纳税所得额时扣除，不再分年度计算折旧；单位价值超过 500 万元的，仍按企业所得税法实施条例、《财政部 国家税务总局关于完善固定资产加速折旧企业所得税政策的通知》（财税〔2014〕75 号）、《财政部 国家税务总局关于进一步完善固定资产加速折旧企业所得税政策的通知》（财税〔2015〕106 号）等相关规定执行。

企业针对这些税法变动进行固定资产折旧的纳税筹划，可以有效减轻税负。

案例

A 企业是一家制造企业，该企业适用的企业所得税税率为 25%。2021 年 1 月，A 企业购置了 2 套专业生产设备并于当月投入使用，A 企业取得的增值税发票为 600 万元，增值税 78 万元。这种情况下，A 企业应该如何进行纳税筹划呢？

这种情况下，A 企业有两种纳税筹划方式：一种是一次性将该设备投入使用，计入成本费用进行扣除；另一种是进行固定资产折旧。

按照该设备折旧年限为 10 年，残值率为 8%，采用直线法进行计算。该设备 2021 年的折旧费调整应纳税所得额的金额为 $600 \times (1-8\%) \div 10 = 55.2$（万元），如果按照折旧年限 8 年计算，该生产设备 2021 年的折旧费调整应纳税所得额的金额为 $600 \times （1-8\%）÷8=69$（万元），不考虑时间价值的情况下，采用第二种方式可以为 A 企业在 8 年中每年减少 $69-55.2=13.8$（万元）的企业所得税，故使用第二种方式进行纳税筹划对企业发展更为有利。

3.10　企业销售环节的纳税筹划

销售环节是企业生产经营的重要环节，企业的销售成果也决定了企业的发展。从纳税筹划角度分析，企业针对销售环节开展有效的纳税筹划能够帮助企业减轻税负，同时增加企业经营利润。

目前，企业销售环节常见的纳税筹划方式为代销，代销的方式不同、代销双方的纳税身份不同都会产生纳税差异，这也为企业在销售环节开展纳税筹划提供了较大空间。

3.10.1　代销方式的纳税筹划

企业代销的方式主要有两种，一是视同买断的代销方式，二是收取手续费的代销方式。如果企业采用收取手续费的代销方式，受托方按照委托方制定的价格出售，之后收取手续费，该手续费所得需要缴纳增值税。如果受托方采用视同买断的代销方式销售委托方的产品，则受托方有权进行加价销售，从而获得更多利润。

从纳税筹划的角度分析，两种方式的税负相差不大，税负差距主要体现在不同纳税身份对应的税收政策上。

3.10.2 不同纳税人身份的纳税筹划

代销企业纳税人身份是指受托方与委托方的纳税身份。根据我国现行税法规定，代销企业纳税人身份对应的税收差异主要体现在一般纳税人和小规模纳税人上。下面通过案例详细分析委托方与受托方均为一般纳税人；委托方与受托方均为小规模纳税人；委托方为一般纳税人，受托方为小规模纳税人；委托方为小规模纳税人，受托方为一般纳税人这四种情况的纳税筹划。

案例

A公司生产了一批产品，该批产品的成本为800元/件，产品生产后A公司与B公司签订了一项代销协议。按照上述分析，A公司和B公司之间可以选择两种代销方式。一是B公司按照A公司指定的价格，以1 200元/件进行产品销售，A公司按照200元/件的价格向B公司支付手续费。二是B公司以视同买断方式销售A公司的产品，B公司以1 000元/件的协议价向A公司支付货款。假设B公司销售该产品的价格依然为1 200元/件，那么两种方式下，A公司和B公司的纳税情况会产生哪些差异？这主要取决于上述提到的，A公司和B公司的纳税人身份。

1. A公司和B公司均为一般纳税人

当A公司和B公司均为一般纳税人时，如果B公司以收取手续费的方式代销A公司产品，A公司可以抵扣100元的进项税，按照13%的增值税税率计算，A公司每销售一件产品需要缴纳的增值税为1 200×13%-100=56（元），在不考虑其他税费的前提下，A公司的税前利润为1 200-800-200=200（元），税后利润为200-56=144（元）。B公司每销售一件产品需要缴纳的增值税为200×13%=26（元），B公司的税后利润为200-26=174（元）。

如果B公司以视同买断方式代销A公司产品，A公司每销售一件产品需要缴纳的增值税为1 000×13%-100=30（元），税前利润为

1 000-800=200（元），税后利润为 200-30=170（元）。B 公司需要缴纳的增值税为 1 200×13%-1 000×13%=26（元），B 公司税后利润依然为 200-26=174（元）。可见，第二种方式更适合 A、B 两家公司进行代销合作。

2. A 公司和 B 公司均为小规模纳税人

当 A、B 公司都属于小规模纳税人时，双方适用的增值税征收率可以为 3%。如果 B 公司以收取手续费的方式代销 A 公司产品，A 公司每销售一件产品需要缴纳的增值税为 1 200×3%=36（元），税前利润为 1 200-800-200=200（元），税后利润为 200-36=164（元）。B 公司每销售一件产品需要缴纳的增值税为 200×3%=6（元），税后利润为 200-6=194（元）。

如果 B 公司以视同买断方式代销 A 公司产品，A 公司每销售一件产品需要缴纳的增值税为 1 000×3%=30（元），A 公司税前利润为 1 000-800=200（元），税后利润为 200-30=170（元）。B 公司每销售一件产品需要缴纳的增值税为 1 200×3%=36（元），B 公司的税后利润为 1 200-1 000-36=164（元）。这种情况下，A、B 两家公司则可以根据自己的具体情况选择合适的代销方式。

3. A 公司属于一般纳税人，B 公司属于小规模纳税人

当 A 公司属于一般纳税人，B 公司属于小规模纳税人时，A 公司适用的增值税税率为 13%，B 公司适用的增值税征收率为 3%，不过 A 公司可以享受 100 元的进项税抵扣。这时，如果 B 公司以收取手续费的方式代销 A 公司产品，A 公司每销售一件产品需要缴纳的增值税为 1 200×13%-100=56(元)，A 公司的税前利润为 1 200-800-200=200(元)，税后利润为 200-56=144（元）。B 公司每销售一件产品需要缴纳的增值税为 200×3%=6（元），税后利润为 200-6=194（元）。

如果 B 公司以视同买断方式代销 A 公司产品，A 公司每销售一件产品需要缴纳的增值税为 1 000×13%-100=30（元），税前利润为

1 000-800=200（元），税后利润为200-30=170（元）。B公司每销售一件产品需要缴纳的增值税为1 200×3%=36（元），B公司的税后利润为1 200-1 000-36=164（元）。

对比可以得出，选择收取手续费方式对B公司有利，选择视同买断方式对A公司有利。这种情况下，A、B两家公司可以根据具体情况选择合适的代销方式。

4. A公司属于小规模纳税人，B公司属于一般纳税人

当A公司属于小规模纳税人，B公司属于一般纳税人时，A公司适用的增值税征收率为3%，B公司适用的增值税税率为13%。这时，如果B公司以收取手续费的方式代销A公司产品，A公司每销售一件产品需要缴纳的增值税为1 200×3%=36（元），税前利润为1 200-800-200=200（元），税后利润为200-36=164（元）。B公司每销售一件产品需要缴纳的增值税为200×13%=26（元），B公司的税后利润为200-26=174（元）。

如果B公司以视同买断方式代销A公司产品，A公司每销售一件产品需要缴纳的增值税为1 000×3%=30（元），A公司税前利润为1 000-800=200（元），税后利润为200-30=170（元）。B公司每销售一件产品需要缴纳的增值税为1 200×13%-1 000×13%=26（元），B公司税后利润依然为200-26=174（元）。

对比可以看出，选择视同买断方式更适合A、B两家公司进行代销合作。

通过上述案例分析可以得出，企业在销售环节的纳税筹划策略主要是根据自身纳税人身份，以及自己是受托方还是委托方的情况进行代销方式的选择，只有通过系统的规划，企业才能够在销售环节进行合理的纳税筹划。

3.11　企业利润环节的纳税筹划

企业利润环节是企业纳税筹划的关键环节，因为现行税法的大多数税种都与企业所得紧密相关，企业利润也是企业所得的重要体现方式，针对这一环节开展纳税筹划是减轻企业税负的重点，也是增加企业利润的一种方法。

3.11.1　获利年度的纳税筹划

企业针对利润环节开展纳税筹划的首要策略便是选好获利年度，获利年度不仅决定了企业税收情况，还决定了企业享受的纳税优惠政策。

比如按照我国现行税法规定，企业每一纳税年度的收入总额，减除不征税收入、免税收入、各项扣除以及允许弥补的以前年度亏损后的余额，为应纳税所得额。

企业纳税年度发生的亏损，准予向以后年度结转，用以后年度的所得弥补，但结转年限最长不得超过五年。

当企业申报亏损并得到税务机关审核通过后，不仅当年可以免缴企业所得税，且亏损额可以在后续五年内结转。这是很多企业成立后宁可第一年亏损也要加大投入的主要原因。不过亏损状态不能连续出现，因为连续亏损但持续经营的企业会被税务机关判定为异常企业，一旦查出亏损情况不实，该企业则会面临严重的财务处罚。

另外，企业的第一个获利年度也十分重要，因为按照现行税法规定，企业所得税享受的优惠政策通常是从企业第一个获利年度开始计算的，如果企业注册经营的时间为某一年的年中或者年末，但注册经营第一年便确认为获利年度，则企业会浪费一年或者半年享受税收减免优惠政策的时间，所以尽量将整年度确定为获利年度，企业才能最大限度享受税收优惠政策。

3.11.2 利润弥补亏损的纳税筹划

前文提到，根据我国现行税法规定，企业发生年度亏损的可以用下一纳税年度的所得弥补，下一纳税年度所得不足以弥补的，可以延续弥补，但是延续弥补期最长不得超过五年。企业可以充分利用这一税收政策将企业利润用于弥补往年（五年之内）亏损。

利用利润弥补亏损的纳税筹划重点有两个。一是本年度收益额小于前五年亏损额时，剩余的亏损额可以在次年扣除，这就代表企业拥有一定的利润弥补亏损的调整空间，通过调整利润的方式进行亏损额的分批弥补。二是本年度出现亏损时则无须缴纳企业所得税，前五年亏损额与本年度亏损额可以累积至下一年度抵减企业所得税。这一点是企业需要尤为注意的，因为部分企业为减轻企业税负会选择连续申报亏损，前文提到这种情况很容易被税务机关进行严格稽查，一旦发现问题，企业则会面临巨额处罚。

案例

A 企业是一家一般纳税人企业，该企业 2016 年年初注册，当年出现亏损 120 万元，但随后的 6 年内该企业都实现了盈利，各年应纳税所得额如表 3-1 所示。

表 3-1　A 企业 2017—2022 年应纳税所得额情况

年份	2017	2018	2019	2020	2021	2022
应纳税所得额	15 万元	5 万元	15 万元	20 万元	10 万元	80 万元

这时，A 企业应该如何利用利润弥补亏损呢？

由表 3-1 可知，A 企业 2017—2021 年的应纳税所得额总和都不足以弥补 2016 年的亏损，同时 A 企业 2022 年盈利较多，但 2022 年已经超过了我国税法规定的 5 年抵减期限，所以 A 企业应该尽量将 2022 年利润转移到 2021 年，以此减轻企业税负。

企业正常经营过程中虽然无法预知未来一年的具体利润，但可以根据实际经营情况合理地提前确认收入，比如通过和客户协商提前签订次年销售合同，并开具发票；或者制定各种销售优惠策略，激励客户提前签订合同并开具发票。这些方式都能够提前确认收入，并增加企业利润。

A 企业可以确定 2021 年是抵减 2016 年亏损的最后一年，所以应该采用提前确认收入的方式提高 2021 年利润。因为这种方式不仅可以弥补 2016 年的亏损，还可以减轻 2022 年的税负。

假设 A 企业通过制定各种销售优惠策略，与客户提前签订销售合同，并开具了发票，提前确认了 2022 年的收入 20 万元。这 20 万元作为应纳税所得额不仅可以用于弥补 2016 年的亏损，而且 A 企业 2022 年可以减轻 20 万元的税负。假设 A 企业适用的所得税税率为 25%，则 A 企业通过这种方式可以节约 20×25%（2021 年应纳所得税税额）+20×25%（2022 年应纳所得税税额）=10（万元）。

3.11.3　利润分配的纳税筹划

企业利润分配与企业税负密切相关，通过利润分配方式和次序的调整，企业可以获得较大的纳税筹划空间。目前利用利润分配进行纳税筹划的常见方式有以下几种。

1. 合理推迟获利年度

在合理合法范围内推迟企业获利年度既可以用企业利润弥补企业 5 年内的亏损，又可以让企业享受有利的税收优惠政策。比如我国现行税法规定，对满足条件的高新技术企业实施自获利年度起"三免三减半"的税收优惠政策，合理推迟获利年度可以让企业更加充分地享受这些优惠政策。

2. 经营所得最大化向资本利得转化

通过分析我国现行税法可以得出,我国税法对企业经营所得的纳税要求、纳税条件较为严格,而企业资本利得的纳税要求与纳税条件则更为灵活,所以企业将经营所得在合理合法范围内最大化转化为资本利得可以有效扩大企业纳税筹划空间,减轻企业税负。

3. 保留低税率地区利润不予分配

根据我国现行税法规定,企业在低税率地区获得的投资收益向高税率地区分配时,企业需要补交税率差产生的企业所得税,所以若保留低税率地区利润不予分配,则企业低税率地区不需要补交企业所得税,这既减轻了企业税负,又增强了企业在低税率地区的发展实力。

3.11.4 使用已纳税款扣除的纳税筹划

企业使用已纳税款扣除的方式进行纳税筹划主要体现在消费税上。这主要因为我国企业在外购或者委托加工收回已经缴纳消费税的产品时,可能将这些产品用于连续生产应税消费品,这类产品销售时如果按照全额征税,则会出现重复征税的情况,这时为了平衡税负,企业可按照当期生产产品的实际数量计算扣除已纳的消费税税额。这代表企业可以利用已纳消费税税款扣除的方式减轻企业税负。

进行这种方式的纳税筹划主要需要结合我国消费税政策,2019 年,我国财政部和国家税务总局发布了新的《中华人民共和国消费税法(征求意见稿)》,这项政策中明确规定的内容如下。

第十条　纳税人申报的应税消费品的计税价格和数量明显偏低且不具有合理商业目的的,税务机关、海关有权核定其计税价格和数量。

第十一条　委托加工收回的应税消费品,委托方用于连续生产应税消费品的,所纳消费税税款准予按规定抵扣。

第十二条　外购的应税消费品用于连续生产应税消费品的，符合下列情形的所纳消费税税款准予按规定抵扣：

（一）烟丝生产卷烟的；

（二）鞭炮、焰火生产鞭炮、焰火的；

（三）杆头、杆身和握把生产高尔夫球杆的；

（四）木制一次性筷子生产木制一次性筷子的；

（五）实木地板生产实木地板的；

（六）石脑油、燃料油生产成品油的；

（七）汽油、柴油、润滑油分别生产汽油、柴油、润滑油的；

（八）集团内部企业间用啤酒液生产啤酒的；

（九）葡萄酒生产葡萄酒的；

（十）高档化妆品生产高档化妆品的。

除第（六）、（七）、（八）项外，上述准予抵扣的情形仅限于进口或从同税目纳税人购进的应税消费品。

第十三条　纳税人应凭合法有效凭证抵扣消费税。

第十四条　纳税人出口应税消费品，免征消费税；国务院另有规定的除外。

根据国民经济和社会发展需要，国务院可以规定免征或减征消费税，报全国人民代表大会常务委员会备案。

企业可以根据上述消费税政策，结合自身实际情况进行已纳消费税的扣除。

案例

A 企业是一家 2015 年 11 月注册，符合我国"三免三减半"税收优惠政策条件的新能源企业。A 企业 2015 年经营出现亏损 100 万元，但 2016—2021 年实现了盈利，2016—2021 年应纳税所得额情况如表 3-2 所示。

表 3-2　A 企业 2016—2021 年应纳税所得额情况

年份	2016	2017	2018	2019	2020	2021
应纳税所得额	100 万元	500 万元	800 万元	1 000 万元	1 500 万元	2 000 万元

已知 A 企业适用的企业所得税税率为 25%，这种情况下，A 企业应该如何开展纳税筹划？

我国税法明确规定，"三免三减半"期间，除去不免税补贴收入，应纳税所得额为负数的。以弥补亏损后有应纳税所得额的年度为获利年度。所得税减免税的期限，应当从获利年度起连续计算，不得因中间发生亏损而推延。所以，A 企业如果向税务机关申报了 2015 年亏损，则从 2015 年开始计算 A 企业"三免三减半"的税收优惠期限。这种情况下，A 企业 2015 年、2016 年、2017 年三个年度不需要缴纳企业所得税，2018 年、2019 年、2020 年可以享受减半征税的优惠待遇，2021 年则需要正常缴纳企业所得税。不过 A 企业 2018 年、2019 年、2020 年的企业所得税可以抵减 2015 年的亏损，这时，A 企业 2015—2021 年的纳税总额为 $800 \times 25\% \times 50\% + 1\,000 \times 25\% \times 50\% + 1\,500 \times 25\% \times 50\% + 2\,000 \times 25\% - 100 = 812.5$（万元）。

如果 A 企业不申报 2015 年的 100 万元亏损，而将企业经营年度推迟到 2016 年，这种情况下，A 企业 2016—2018 年不需要缴纳企业所得税，2019—2021 年的纳税总额为 $(1\,000 + 1\,500 + 2\,000) \times 25\% \times 50\% = 562.5$（万元），加上企业自行承担的 100 万元亏损，企业总支出为 $562.5 + 100 = 662.5$（万元）。相比第一种情况减少支出 $812.5 - 662.5 = 150$（万元）。由此可见，企业在利润环节开展纳税筹划是非常重要的。

3.12　企业负债的纳税筹划

企业生产经营过程中，负债筹资是企业健康发展的先决条件，企业负债的目的不仅是满足发展资金需求，也是谋求资金成本最低化。企业可以通过不同的负债方式达到筹资目的，同时为企业获取更大的纳税筹划空间。

3.12.1　短期负债的纳税筹划

短期负债的纳税筹划是指企业通过向银行或其他金融机构进行筹资的一种纳税筹划方式，一般短期负债的期限都在 1 年以内，短期负债的形式主要为短期借款和商业信用。其中商业信用是指企业在经营期间由于延期付款或预收货款与其他企业形成的借贷关系。

总体而言，短期借款具有筹资速度快、难度低、筹资成本低，但筹资风险高的特点，这种企业负债形式在现代企业中十分常见。

短期负债不仅能在短时间内解决企业资金需求问题，还能通过有效的纳税筹划减轻企业税负。短期负债的纳税筹划按照负债形式可以分为两类。

1.　短期借款的纳税筹划

企业短期借款的纳税筹划重点是保存借款支付利息的发票，借款支付利息的发票是企业抵扣所得税的关键凭证。

2.　商业信用的纳税筹划

商业信用的纳税筹划较为灵活，比如企业在交付货物前提前向买家收取货款，这种行为相当于企业向买家借入资金之后用货物抵偿。从纳税筹划角度分析，这种行为是一种无息的延期纳税行为，纳税人既可以获得更多发展资金，又不需要支付利息。

目前，商业信用也是企业短期负债非常常见的形式，商业信用的纳税筹划重点是根据实际情况在合法筹资的前提下尽量延长纳税期限，这种方式可以帮助企业获得更大的纳税筹划空间，增强企业资金实力。

3.12.2　长期借款的纳税筹划

长期借款是企业长期负债的主要方式，长期借款也决定着企业的资本构成。从企业发展角度分析，企业长期借款有两个优势：一是长期借款利息可以有效抵减企业所得税，减轻企业税负；二是长期借款可以通过财务杠杆提高权益资本收益率。比如，假设企业长期负债利息不变，当企业利润增加时，企业单位利润所负担的利息便会减少，企业投资者的收益便可以提高，这便是财务杠杆提高企业权益资本收益率的主要表现。

从纳税筹划角度分析，企业长期借款占比越大，企业纳税筹划效果越明显，但过多的长期负债会增加企业的筹资成本和财务风险，所以长期负债的占比是企业负债时需要思考的重点。总体而言，企业长期负债的纳税筹划重点是在保障企业经营安全的前提下，尽量扩大长期负债的财务杠杆作用。企业长期负债的财务杠杆作用体现在权益资本收益率上，权益资本收益率的计算公式为：

权益资本收益率（税前）= 息税前投资收益率 + 负债 ÷ 权益资本 ×（息税前投资收益率 - 负债成本率）

从这一公式中可以看出，在企业财务风险可控范围内，只要企业息税前投资收益率高于企业长期负债成本率，则可以通过提高长期负债额度的方式获取更多收益，减轻企业税负。不过企业领导者需要注意，企业的长期权益资本收益率受企业长期借款筹资成本以及企业经营风险的影响，企业长期负债过程中必须确保企业经营风险、财务风险在可控范围内，如此才能够通过长期负债减轻企业税负，提高企业利润。

3.12.3　债券溢、折价的纳税筹划

发行债券是很多企业筹资的一种方式。债券的发行方式主要有三种，分别为平价发行、溢价发行和折价发行。所谓平价发行是指债券票面利率与当时的市场利率相同，溢价发行是指债券票面利率高于当时的市场利率，折价发行是指债券票面利率低于当时的市场利率。

溢价发行债券，代表企业对将来多付的利息事前获得补偿。折价发行债券则代表企业对将来少付的利息事前给予补偿。但无论是溢价发行还是折价发行，企业都必须在发行期内将溢价与折价摊销完毕，摊销方法如下。

1. 债券溢价摊销

企业债券溢价摊销主要有两种方法。一是直线法，这种方法是指企业将债券的溢价按债券存续年限平均分摊到每年，之后冲减利息费用。二是实际利率法，这种方法是指企业以应付债券的现值乘以实际利率计算利息，然后将实际利息与名义利息进行比较，之后将比较所得的差额作为溢价摊销额。

2. 债券折价摊销

企业债券折价摊销的方法也有直线法与实际利率法。直线法是指企业将债券折价按照债券存续年限平均分摊到每年，以此增加利息费用。实际利率法是指企业以应付债券的现值乘以实际利率计算利息，然后将实际利息与名义利息比较，再将差额作为折价摊销额。

企业债券溢、折价的纳税筹划重点是通过债券的溢、折价发行，扩大企业筹资范围，降低筹资成本，当企业通过溢、折价发行债券使债券持有者增加时，债券持有者便能够平均分摊企业利润，这种情况能有效为企业减轻税负。

换言之，溢、折价发行债券是企业在利润过于集中时帮助企业减轻税负的一种纳税筹划方法。

案例

A 企业是一家成熟的生产企业，A 企业的息税前利润为 1 000 万元，

原有利息为 100 万元。2021 年 A 企业决定购买价值 500 万元的生产设备，这时 A 企业有三种选择。一是利用自我积累资金直接购买；二是按 6% 的年利率向银行借款一年，购买该设备；三是以融资租赁方式按每年 60 万元的租金租入该设备，租期为 10 年，租期满后 A 企业可以获得该设备的所有权。A 企业适用的企业所得税税率为 25%，那么 A 企业应该如何选择？

如果按照第一种方案进行购买，A 企业需要缴纳的增值税为 $500 \times 13\% = 65$（万元），同时按照现行税法规定，A 企业购买设备的支出可以一次性计入成本费用，所以 A 企业可以减少应纳税额 $500 \times 25\% = 125$（万元）。虽然这种方式有效减少了 A 企业当年的企业所得税，但从财务杠杆角度分析，此时 A 企业花费了大量自有资金，所以企业后续发展也将受到影响。

如果按照第二种方案进行购买，企业需要缴纳的增值税以及所得税与第一种方案相同，但 A 企业因为短期借款产生了利息，在此基础上可以多抵扣 $500 \times 6\% \times 25\% = 7.5$（万元）的企业所得税。值得注意的是，企业没有动用自有资金，所以企业的发展不会受到影响。

如果按照第三种方案进行购买，按照我国现行税法规定，A 企业有形资产租赁可以抵扣进项税，每年可抵扣的税额为 $60 \times 13\% = 7.8$（万元），10 年抵扣总额为 $7.8 \times 10 = 78$（万元），另外 A 企业每年支付的租金也可以抵减企业所得税，抵减额为 $60 \times 25\% = 15$（万元），10 年抵减总额为 $15 \times 10 = 150$（万元），这时 A 企业依然没有动用自有资金，所以其发展不会受到影响。

通过对比上述三种购买方案，可以得出企业用负债购买设备可以不占用企业自有资金，同时能有效减轻税负，增大企业财务杠杆。考虑到第三种购买方案中的通货膨胀因素，所以第二种购买方案最为合适，起到的减轻税负效果、财务杠杆增大效果最为明显。

3.13　其他费用的纳税筹划

企业生产经营期间会产生各种其他费用，比如工资、研发费用、日常管理费用等，这些费用也是企业的重要支出，对企业税收有重要影响，下面针对这些其他费用的纳税筹划展开分析。

3.13.1　工资的纳税筹划

从企业经营角度分析，企业支付给员工的工资并不能用于抵税，只能作为费用抵减企业利润，而员工工资又关系到个人所得税，所以员工工资为企业争取的纳税筹划空间并不大，不过企业可以通过调整薪资结构的方式帮助员工合理减轻税负。

企业利用薪酬结构为员工减轻个人所得税税负的方法主要是结合个人所得税法规定，合理合法减少员工应纳税所得额。

案例

A 企业是一家生产企业，该企业一线岗位员工每月工资、薪金总和为 8 000 元，不过大多数员工为方便工作，都在 A 企业附近租房居住，每月需要支付 2 000 元房租。这种情况下，A 企业应该如何针对员工工资进行纳税筹划？

A 企业可以将员工的必要支出转移到企业内部，同时降低员工工资、薪金总和。这种情况下，A 企业可以帮助员工合理减轻税负。

按照上述条件计算，A 企业如果不提供宿舍，一线员工需要缴纳的个人所得税税额为（8 000−5 000）×3%=90（元）；若 A 企业提供宿舍，则员工需要缴纳的个人所得税税额为（6 000−5 000）×3%=30（元）。通过这种方式，企业可以在员工实际所得不变的前提下，有效减轻员工个人所得税税负。

3.13.2　研发费用的纳税筹划

企业研发费用的纳税筹划重点主要是根据现行税法政策规定，确保企业研发费用可以合理合法地加计扣除。《中华人民共和国企业所得税法》中明确规定，开发新技术、新产品、新工艺发生的研究开发费用可以在计算应纳税所得额时加计扣除。《中华人民共和国企业所得税法实施条例》中明确规定："企业所得税法第三十条第（一）项所称研究开发费用的加计扣除，是指企业为开发新技术、新产品、新工艺发生的研究开发费用，未形成无形资产计入当期损益的，在按照规定据实扣除的基础上，按照研究开发费用的 50% 加计扣除；形成无形资产的，按照无形资产成本的 150% 摊销。"

按照上述税法规定，企业研发费用的税前扣除主要以研发费用是否资本化，并形成无形资产为标准，扣除方式也有两种，但准予税前扣除的总额相同，都是实际发生的研发费用的 150%。

另外，我国财政部和国家税务总局发布了《财政部　税务总局关于进一步完善研发费用税前加计扣除政策的公告》（财政部　税务总局公告 2023 年第 7 号）和《国家税务总局关于进一步落实研发费用加计扣除政策有关问题的公告》（国家税务总局公告 2021 年第 28 号），在这两项政策中又明确提出如下规定。

企业开展研发活动中实际发生的研发费用，未形成无形资产计入当期损益的，在按规定据实扣除的基础上，自 2023 年 1 月 1 日起，再按照实际发生额的 100% 在税前加计扣除；形成无形资产的，自 2023 年 1

月 1 日起，按照无形资产成本的 200% 在税前摊销。

企业在一个纳税年度内同时开展多项研发活动的，由原来按照每一研发项目分别计算"其他相关费用"限额，改为统一计算全部研发项目"其他相关费用"限额。

当"其他相关费用"实际发生数小于限额时，按实际发生数计算税前加计扣除额；当"其他相关费用"实际发生数大于限额时，按限额计算税前加计扣除额。

这些政策也是企业合理利用研发费用进行纳税筹划的关键。

总体而言，符合税法规定的研发费用可以在税前抵扣，且我国税务部门目前推出了多项关于研发费用的税收优惠政策，企业对研发费用进行纳税筹划的重点是尽量提高研发费用的抵扣额，之后利用这些政策合理合法、有效地减轻企业税负。

3.13.3　日常管理费用的纳税筹划

企业日常经营生产中产生的管理费用是指企业为组织和管理生产经营活动支出的各种费用，常见的管理费用有业务招待费、办公费、邮电费、工会经费等。按照我国税法规定，企业支出的管理费用如果属于税法规定范围，且有相关票据，经过税务机关审核后准予税前扣除。

针对管理费用进行纳税筹划通常出现在大型企业中，尤其是设立子公司的大型企业，其管理费用可以直接在子公司进行列支，纳税筹划空间也比管理费用相对固定的企业更大。企业管理费用的纳税筹划重点有两个，这两个重点也是确保企业管理费用能够在子公司进行列支的关键。

一是由外部单位向企业子公司提供直接服务产生的管理费用，需要通过签订合同、直接结算的方式体现，这是我国税务部门稽查管理费用税前扣除的重点。

二是在取得由外部单位向企业子公司提供直接服务产生的管理费用的发票时，一定要确保外部单位开具发票的客户名称栏对应企业子公司，而不是企业总公司，否则无法进行扣除。

符合以上两点要求的企业管理费用才能够充分体现纳税筹划的作用，帮助企业获取更大的纳税筹划空间。

案例

A公司是一家符合相关税法规定，可以享受研发费用加计扣除优惠政策的企业。2020年A公司根据市场需求准备研发一系列新产品，研发项目的周期计划为两年，项目研发费用预算为660万元，第一年预算300万元，第二年预算360万元。据A公司预测，研发项目的第一年便可以实现利润300万元，第二年可以实现利润900万元，A公司适用的企业所得税税率为25%，这种情况下，A公司如何进行纳税筹划？

按照上述条件计算，根据我国现行税法规定，A公司第一年研发费用加上加计扣除的50%，其扣除额已经超过应纳税所得额，所以A公司第一年的应纳税所得额为300-300=0（万元）。第二年的研发费用加上可以加计扣除的50%，其扣除额为360+360×50%=540（万元），所以两年可以抵扣企业所得税540+300=840（万元），抵税总额为840×25%=210（万元）。

这种情况下，A公司第一年的研发费用只抵扣了100%，如果能够提高第一年的研发费用抵扣率，则A公司可以获得更大的纳税筹划空间。假设A公司将第一年的研发费用减少至180万元，将第二年的研发费用提高到540万元，这时A公司两年的研发费用可以按照150%进行抵扣，抵扣总额为180×150%+540×150%=1 080（万元），抵税总额为1 080×25%=270（万元），这种情况下，A公司节约270-210=60（万元）。

3.14　企业不同发展阶段的纳税筹划

企业在不同的发展阶段，其纳税筹划的重点也不同。因为从企业全生命周期角度分析，企业发展的各个阶段对应着不同的税负，所以纳税筹划的策略自然也存在差异。

3.14.1　创业期的纳税筹划

处于创业期的企业涉及的税收问题并不复杂，但这一阶段却是企业纳税筹划的关键阶段，因为企业性质往往在这一阶段确定，企业未来的税收条件、税收环境正是从这一时期定型的。

创业期的第一个纳税筹划重点是企业可以享受的税收优惠政策，企业可以从所属行业出发，思考如何具备享受税收优惠政策的条件，以此减轻企业税负，减小企业初期发展压力。

第二个纳税筹划重点是确定企业的纳税身份，企业根据自身实际情况选择法人纳税人、非法人纳税人，以及在非法人纳税人当中选择个人独资企业、个体工商户、合伙企业，以及非居民企业等。不同性质的纳税主体对应不同的纳税方式与税负，对纳税身份的筹划不能只局限于眼前，更需要用长远眼光审视企业发展，根据企业未来发展目标选择更合适的纳税身份。

第三个纳税筹划重点是确定纳税地区。相同行业、相同纳税身份在不同地区适用的税率也不同，创业期的企业可以尽量选择低税率地区，尤其可以选择一些税收政策扶持力度大的开发区、创业园等，这些地区能够为企业安全、平稳度过创业期带来更多优惠福利。

3.14.2　成长期的纳税筹划

企业进入成长期代表企业的投资能力与经营生产能力已经得到市场的基本认可，企业收入水平显著提高，随之企业税负也开始加重。

这一阶段企业往往已经具备一定的市场规模，但碍于自身实力与成熟企业依然存在差距，所以大多数成长期企业都会采用低成本的经营策略。这一阶段企业开展的纳税筹划比较全面，纳税筹划重点分为四个方面。

一是在企业通过促销手段提高产品销售效果及市场占有率时，进行销售活动的纳税筹划，目的是减轻企业税负。

二是在企业优化业务流程时进行纳税筹划，目的同样是减轻企业税负，增强企业发展实力。

三是在企业进行股利分配时进行纳税筹划，目的是保持企业股东的共赢状态，减轻股东个人所得税税负和企业所得税税负。

四是在企业优化人员配置与团队结构时进行员工个人所得税纳税筹划，目的是提高团队凝聚力，提升员工幸福感。

企业成长期是企业积淀基础实力的关键阶段，这一阶段的企业应结合自己的行业情况、实际经营情况，在以上四个方面进行纳税筹划，从而有效提升企业的发展效果。

3.14.3　扩张期的纳税筹划

企业的扩张期是企业经过一定时间积累、拥有一定规模，且企业底蕴支持企业对外扩张的阶段，这一阶段也是企业纳税筹划较为困难的阶段，因为这一阶段的纳税筹划效果决定着企业扩张后的盈利能力。

企业处于扩张期时有必要建立起符合自身特点的纳税筹划系统，从全局出发统筹整个企业的各种纳税工作。因为企业扩张期代表企业具有一定规模，甚至已经进入集团化经营状态，只有站在集团角度审视全部资产、经营所得的纳税情况，才能够提升企业发展效果。

这一阶段的纳税筹划重点是企业的分立与合并，通过分立与合并，企业能够在扩张期间灵活布局一般纳税人和小规模纳税人的分支，之后借助各个分支的税务优势整体扩大企业的纳税筹划空间。比如将企业利润从税收高地转移到税收洼地，让企业的整体盈利处于最佳状态。

不过这一阶段的纳税筹划也面临着一定的税务风险，纳税筹划者必须具备良好的安全意识，以及税务统筹知识，合理合法地减轻企业税负，确保企业稳定发展。企业扩张后可以在整体布局、地域分配上要尽量实现税负最轻化、利益最大化。比如利用我国经济特区、民族自治区等区域的税收优惠政策，赢得更多纳税有利条件，这也是企业扩张的主要目的之一。通过巧妙应用纳税筹划方法，企业不仅可以提升税务整体统筹效果，还能够减轻企业整体税负。

3.14.4　战略转移期的纳税筹划

企业战略转移期是指企业发展进入疲惫状态后，通过进行战略转移获取新机遇的关键阶段，这一阶段的纳税筹划任务非常繁重。因为这一阶段企业日常现金支出较多，纳税筹划不到位很容易造成企业不必要的支出，增加企业战略转移的难度，所以企业领导者一定要明确这一阶段的纳税筹划思路。

处于战略转移期的企业通常具有较大的企业规模，企业组织结构更倾向于集团管理模式，同时具有多元化经营主体。不过这一阶段企业的执行力明显下降，内部不稳定的经营因素加大了企业经营风险，企业内部存在各种各样的不稳定因素，这也是企业战略转移的一个原因。

针对这种情况，企业的纳税筹划分为两个阶段。

第一阶段是以减轻税负为目的进行纳税筹划，消除一些制约企业减轻税负或造成企业不必要支出的环节，确保企业战略转移顺利推进。比如企业通过自身审查主动分立一些税负过重的子公司，或将税收风险较大的业务进行关停清算，通过这些方式达到企业清算所得最少、企业税负最轻的目的。

第二阶段是以优化纳税环境为目的进行纳税筹划。企业需要认真思考战略转移后的纳税情况，并根据实际情况确定新的投资领域与业务范围，在确保企业健康发展的前提下合理合法减轻税负，保障企业战略转移的效果。

案例

A 公司是一家成熟的建筑公司，该公司成立以来一直保持着健康的发展状态，发展过程中先后成立了多家子公司，目前 A 公司正以集团的形式保持运营。2019 年 A 公司应纳税所得额为 3 000 万元，不过当年 A 公司下属的一家子公司却处于亏损状态，当年亏损额为 800 万元。那么这时 A 公司应该如何利用子公司亏损的情况减轻自身税负？

A 公司目前正处于扩张期，由于 A 公司和子公司都是独立纳税人，所以 A 公司如果将 2019 年的部分利润直接转账给子公司，这部分支出是无法税前扣除的，不过子公司的亏损却可以实实在在转移到 A 公司用于减轻税负。

具体策略为子公司主动注销营业执照，A 公司将子公司合并，这时按照我国现行税法规定，原子公司的亏损便可以在 A 公司随后五年的企业所得税中进行扣除。通过这种方式，A 公司既能够利用自身资源解决子公司亏损的问题，又能够大幅减轻税负，这就是现在处于扩张期的企业愿意多设立子公司的原因。通过这种方式，企业可以获得更大的纳税筹划空间与更多纳税选择。

3.15　利用各个平台进行纳税筹划

企业根据现行税法的弹性空间进行生产经营活动、财务活动的方式，可以有效减轻企业税负。根据活动的特点，企业的纳税平台可以分为价格平台、优惠平台、漏洞平台、空白平台、弹性平台、规避平台等。

3.15.1　利用价格平台进行纳税筹划

利用价格平台进行纳税筹划是指企业通过关联企业的常规交易进行纳税筹划的方式，这一纳税筹划策略的重点是转让定价。按照我国现行税法规定，企业生产经营的商品在不违反《中华人民共和国反不正当竞争法》的前提下，有权自行定价。所以关联企业之间可以通过转让定价的方式为企业获得一定的纳税筹划空间。

目前，企业利用价格平台进行纳税筹划的方式主要有以下几种。

1. 利用交易自身进行纳税筹划

关联企业之间的商品交易可以适当提高或压低定价，这种方式可以让企业利润在关联企业之间进行转移，企业整体的税负也可以减轻。比如高税率地区企业可以以低价方式向低税率地区关联企业销售产品，企业整体利润可以向低税率地区转移，企业税负自然可以减轻。

2. 利用原材料、零部件进行纳税筹划

关联企业之间可以通过合理控制原材料、零部件的购销价格来控制产品成本，从而进行纳税筹划。比如母公司向子公司低价出售原材料或零部件，这可以实现企业利润从母公司向子公司的转移。

3. 利用劳务服务进行纳税筹划

关联企业之间还可以通过高价、低价甚至不作价的方式相互收取劳务费用，这也是关联企业之间利润转移的有效方式，企业整体税负在这种方式下也可以有效减轻。

4. 利用无形资产进行纳税筹划

关联企业之间可以通过无形资产的特许权使用费进行转让定价，比如生产配方、核心技术、商标等，这些无形资产都可以成为关联企业之间转移利润的媒介。

5. 利用租赁业务进行纳税筹划

关联企业之间可以通过设备租赁的方式进行租金利润的转移，同时也可以利用不同国家的不同折旧政策进行整体的纳税筹划。

以上五种方式就是企业利用价格平台进行纳税筹划的常见方式。

3.15.2　利用优惠平台进行纳税筹划

利用优惠平台进行纳税筹划是指企业利用国家现行税收优惠政策开展纳税筹划的方式。目前，常见的利用优惠平台进行纳税筹划的方法主要有以下几种。

1.　直接筹划法

直接筹划法是指企业根据现行税收优惠政策调整生产经营活动的纳税筹划方法。比如企业根据某项税收优惠政策，结合自身实际情况改变经营范围、经营方式，从而获得税收优惠，就属于直接筹划法。

2.　临界筹划法

临界筹划法是指企业在享受税收优惠政策时，通过生产经营规划取得纳税筹划效果的方法。比如某一产品达到某一产量时企业纳税筹划效果最突出，企业则按照这一指标规划生产任务。

3.　转移筹划法

转移筹划法是指企业为享受税收优惠政策转移注册地的方法。比如企业法定代表人直接到税收优惠区域注册企业，便属于转移筹划法。

4.　挂靠筹划法

挂靠筹划法是指企业通过挂靠方式令自身具备享受税收优惠政策条件的方法。比如一些需要进口设备仪器才能享受税收优惠政策的企业，通过与其他科研机构合作从而具备税收优惠政策享受条件，以此减轻企业税负。

以上四种方法就是企业利用优惠平台进行纳税筹划的常见方法。

3.15.3　利用空白平台进行纳税筹划

利用空白平台进行纳税筹划的方法是指企业利用现行税法立法、执法空白进行纳税筹划的方法，这种方法与利用漏洞平台进行纳税筹划的方法相似，同样面临着一定的纳税筹划风险。

截至 2023 年，我国现行税收制度中共有 5 大类别 18 个税种，其中增值税、所得税、消费税等在我国税制中占据了举足轻重的地位，这些税收制度的立法、执法更为健全。增值税、所得税、消费税存在的空白平台十分稀少，企业纳税筹划者在这些税种中进行空白平台纳税筹划时一定要谨慎。

利用空白平台进行纳税筹划需要注意一个重点，这种纳税筹划操作虽然是针对现行税法的空白领域，但操作过程一定要合法。因为利用空白平台进行纳税筹划与税务机关存在利益冲突，所以企业纳税筹划者一定要确保筹划行为处于空白领域。企业需要结合自身行业与经营的实际情况审视空白平台，若无法保证纳税筹划行为完全合法，则不要使用这种纳税筹划方法。

3.15.4　利用弹性平台进行纳税筹划

利用弹性平台进行纳税筹划的方法是指企业利用现行税法的税率进行纳税筹划的方法。目前这种纳税筹划方法主要在资源税、城镇土地使用税、车船税等税种中使用。由于这些税种的优惠跨度较大，所以存在一定的纳税筹划空间。

案例

A 企业是一家有色金属开采企业，2021 年 A 企业在 B 矿山开采某种有色金属，由于该有色金属的资源等级在《几个主要品种的矿山资源等级表》中没有列出，所以 A 企业开采该应税产品适用的税率需要由当地政府进行评定。这时 A 企业将评定者带到了该有色金属开采地带，由于该有色金属评测的含量低，开采难度大，所以当地政府为该有色金属评定了较低的适用税率，通过这一策略，A 企业减轻了税负。

在利用弹性平台进行纳税筹划时需要注意两个重点。一是弹性平台的纳税筹划空间取决于征税方，各种纳税筹划策略需要结合实际情况。二是弹性平台的纳税筹划需要找准切入点，在减轻税负的同时一定要考虑各种惩罚与损失，确保利用弹性平台进行纳税筹划的安全性。

3.15.5　利用规避平台进行纳税筹划

利用规避平台进行纳税筹划的方法是指企业利用现行税法中税基临界点、税率临界点、税收优惠政策临界点进行纳税筹划的方法。通过这种方法，企业能够获得较好的纳税筹划效果。

这种纳税筹划方法在实际应用时需要注意的重点有三个。

1. 税基临界点

我国现行税法很多税种的起征点与免征额存在差异，且起征点附近的税负变化较大，这是企业利用规避平台进行纳税筹划的关键。比如我国现行税法规定，销售货物的起征点为月销售额 5 000 元。如果企业的月销售额接近 5 000 元，则可以对此开展纳税筹划，确保合理减轻自身税负。

2. 税率临界点

我国多个税种的税率分为多个档次，这些税率的变化值便是需要纳税筹划的临界点。比如个人所得税法中规定，个人全年应纳税所得额不超过 36 000 元的，税率为 3%；个人全年应纳税所得额 36 000 ~ 144 000 元的，税率为 10%。如果企业员工全年应纳税所得额在 36 000 元左右，企业则可以思考是否可以使用提供住房等方式减少员工日常支出，同时降低员工收入水平，以此达到减轻税负的目的。

3. 税收优惠政策临界点

税收优惠政策临界点主要指企业享受税收优惠政策的条件。比如我国现行税法规定如下。

2021 年 1 月 1 日至 2022 年 12 月 31 日，对小型微利企业年应纳税所得额不超过 100 万元的部分，减按 12.5% 计入应纳税所得额，按 20% 的税率缴纳企业所得税。

2022 年 1 月 1 日至 2024 年 12 月 31 日，对小型微利企业年应纳税所得额超过 100 万元但不超过 300 万元的部分，减按 25% 计入应纳税所得额，按 20% 的税率缴纳企业所得税。

对小型微利企业而言，100 万元应纳税所得额和 300 万元应纳税所得额就是享受税收优惠政策的关键临界点，针对税收优惠政策临界点开展纳税筹划可以有效减轻企业税负。

案例

A 企业是一家钢铁生产企业，A 企业的主要生产原料为废旧钢材，原材料来源主要为外地废品站的废旧物资回收。按照我国现行税法规定，一般纳税人购入废旧物资回收经营企业销售的免税废旧物资，可按照废旧物资回收经营企业开具的由税务机关监制的增值税普通发票上注明的金额，按 10% 计算抵扣进项税额。不过 A 企业用于收购原材料的很多废品站无法开具发票，这导致 A 企业无法充分享受税收优惠政策。

这种情况下，A 企业决定成立一个独立法人、独立核算的废品收购企业 B，之后 B 企业再将收购的各种原材料销售给 A 企业，并开具由税务机关监制的增值税普通发票。通过这种方式，A 企业有效减轻了企业税负。

这一过程中 A 企业就使用了价格平台和优惠平台的纳税筹划策略。

第 4 章

企业税务风险管理

    随着我国市场经济高速发展，我国企业数量不断增加。尤其在 2021 年之后，我国企业开始迅猛发展，有效推动了我国社会经济的稳步发展。不过对企业而言，税务管理不到位会阻碍其发展，及时提升税务风险控制能力成了确保企业健康发展的关键。

4.1　税务风险管理概述

　　企业税务风险管理是企业认清自身经营发展中潜在问题、确保经营发展稳定健康的一种有效方式。建立健全的税务风险管理系统，可以让企业明确经营生产过程中的风险控制点，获得更大的纳税筹划空间，同时降低企业纳税管理难度。尤其对中小企业而言，税务风险管理系统是确保企业及时把握发展实际、提升战略推进效果的有效保障。

4.1.1　什么是企业税务风险管理

　　企业税务风险管理可以视为企业经营风险管理的重要组成部分。在企业经营生产过程中，企业日常运营的各种活动都会产生会计核算，而会计核算自然会附带企业税务核算，所以企业税务风险管理也是企业的财务风险管理、经营风险管理。

　　企业税务风险对应的虽然是企业税务问题，可一旦企业出现税务风险，企业利益、企业名誉，甚至企业组织结构都会受到较大影响。

　　企业税务风险管理的重点分为两个方面。一是确保企业纳税行为符合税法规定，避免企业因为偷税漏税情况被税务部门处罚。二是结合现行税法规定，审核企业纳税情况的合理性，确保企业没有承担不必要的税负。

4.1.2　企业税务风险管理的目标

　　税务风险管理是企业风险管理中的重要组成部分，它涉及企业因各种经济活动而产生的会计核算，以及由此直接发生的税务核算。对于税务风险管理，企业要实现如下目标。

1. 符合税法规定

进行纳税筹划的目的就是减轻税负，为企业减小压力。但企业进行纳税筹划的前提是符合税法规定，不存在任何偷税漏税行为。税务风险管理的原则就是：合法、合规、科学。如果不能满足这 3 个原则，即便企业一时实现了减轻税负的目的，一旦被税务机关发现，等待企业的将会是严厉的处罚，相关责任人甚至还要承担刑事责任。

2. 招聘专业财务人员

企业纳税方面的工作由财务人员负责，财务人员的专业能力会直接影响企业税务风险。专业的财务人员，处理相关事务应当契合相关会计制度、准则以及相关法律法规。不少企业一开始往往选择财务代理机构进行账目核算，这样做尽管成本较低，但事实上风险却很大。财务代理机构对企业内部的具体情况了解较少，只是按照常规方式进行纳税处理，很容易出现遗漏，导致企业产生税务风险。所以，企业应尽早建立自己的财务体系，招聘专业财务人员负责相关工作。

3. 相关记录保存完整、符合规定

随着税务体系的不断完善，税务机关对企业的税务监控不再仅仅停留在审核报表的表层工作上，一旦发现企业税务可能存在问题，税务机关会要求企业提供完善的业务往来合同、业务往来记录和证据等。所以，企业内部要建立完善的纳税记录保存系统，由专人负责进行档案管理；如果采用的是数字化管理系统，还要做到定期备份，刻录光盘留存。企业的税务登记、账簿凭证管理、税务档案管理以及税务材料的筹备和报备等涉税事项应符合税法规定，这样才能应对税务机关的稽查。

4.1.3　建立企业税务风险管控机制

为了将企业的税务风险降至最低，企业内部应建立完善的税务风险管控机制。如下内容是企业必须关注并做到的。

1. 构建企业税务风险管理体系的理论基础

企业产生税务风险既有主观、客观原因，也有内部、外部原因。所以对于税务风险，企业必须建立完善的管理体系理论基础，全员参与，而非只依靠财务人员。企业在日常经营过程中，要进行全员税务风险培训，让每一名员工了解税务风险，并建立目标设定、事项识别、风险评估、风险应对、控制策略、信息沟通、问题监察体系，对企业项目的所有环节实行管理。

同时，企业财务人员还要了解相关税法，并及时把新的内容整理好，分门别类地下发至每一个需求部门，保证企业税务风险管理系统符合国家法律规范的标准，以此来构建科学的、全面的企业税务风险管理体系，使每一个部门、每一名员工对纳税都有深刻的认识，这样才能有效降低风险。

2. 制定税务风险控制流程

税务风险的控制，不仅是企业的工作，也是税务机关提出的要求。2009年，《大企业税务风险管理指引（试行）》明确指出了企业税务风险管理的目标，并且为一些具体的税务风险问题提出了解决方案和措施，企业应按照相应规定，建立规范的税务风险控制流程，根据政策制订纳税计划。

《大企业税务风险管理指引（试行）》（国税发〔2009〕90号）规定如下。

1.6 税务风险管理由企业董事会负责督导并参与决策。董事会和管理层应将防范和控制税务风险作为企业经营的一项重要内容，促进企业内部管理与外部监管的有效互动。

1.7 企业应建立有效的激励约束机制，将税务风险管理的工作成效与相关人员的业绩考核相结合。

1.8 企业应把税务风险管理制度与企业的其他内部风险控制和管理制度结合起来，形成全面有效的内部风险管理体系。

……

2.3 企业税务管理机构主要履行以下职责：

制订和完善企业税务风险管理制度和其他涉税规章制度；

参与企业战略规划和重大经营决策的税务影响分析，提供税务风险管理建议；

组织实施企业税务风险的识别、评估，监测日常税务风险并采取应对措施；

指导和监督有关职能部门、各业务单位以及全资、控股企业开展税务风险管理工作；

建立税务风险管理的信息和沟通机制；

组织税务培训，并向本企业其他部门提供税务咨询；

承担或协助相关职能部门开展纳税申报、税款缴纳、账簿凭证和其他涉税资料的准备和保管工作；

其他税务风险管理职责。

2.4 企业应建立科学有效的职责分工和制衡机制，确保税务管理的不相容岗位相互分离、制约和监督。税务管理的不相容职责包括：

税务规划的起草与审批；

税务资料的准备与审查；

纳税申报表的填报与审批；

税款缴纳划拨凭证的填报与审批；

发票购买、保管与财务印章保管；

税务风险事项的处置与事后检查；

其他应分离的税务管理职责。

2.5 企业涉税业务人员应具备必要的专业资质、良好的业务素质和职业操守，遵纪守法。

2.6 企业应定期对涉税业务人员进行培训，不断提高其业务素质和职业道德水平。

3. 重点关注企业重大事项

企业的重大事项包括企业战略规划、重大经营决策、重要经营活动等。这些业务涉及复杂的资金来源和流向，往往数额较大、关联方较多、产生的税务风险也较高。例如，企业战略规划包括全局性组织结构规划、产品和市场战略规划、竞争和发展战略规划等，企业战略规划的调整很可能涉及整个企业的架构、股东组成，这都会造成税负的改变。而重要经营活动如关联交易价格的制定，包括跨国经营业务的策略制定和执行，它涉及非常多的纳税问题，稍有不慎企业就有可能违反所在国的税法，不得不承受巨大的风险。

企业重大事项关系着企业的未来发展，存在各种潜在风险。对于这类重大事项，企业税务风险管理部门不但要在事前分析、识别、防范风险，而且应着重跟踪监控税务风险，保证每一步都符合法规，最大限度地为企业降低风险、减轻税负。

4. 严格遵循企业税务风险管理体系的原则

及时准确申报、按时缴纳、绝不拖欠，这是降低税务风险最有效的方式，也是税务风险管理体系最核心的原则。只要能够做好这 3 点，那么企业的税务风险就会得到有效控制。在此基础上，企业还应遵循成本效益、全面性、可操作性、目标导向性以及有效性等原则，形成高效的税务风险管理体系。

5. 提高财务人员对税务风险管理的认识

纵观出现纳税问题的企业，多数都有一个现象：企业财务人员普遍风险意识薄弱，对纳税问题不够重视。企业财务人员是企业纳税和税务风险管理的核心，如果他们缺乏责任心、自身专业能力不足，就会给企业带来严重的纳税隐患。所以，企业必须加强对财务人员的管理，提供各种丰富的纳税课程培训，避免"谋私利""中饱私囊"等现象的出现，不断增强风险意识，最大限度地减少税务风险带给企业的损失。

4.1.4　企业税务风险评估管控制度

对于税务风险评估，企业要建立事前、事中、事后的管控制度，在每一个环节保证纳税的合理和科学。具体来说，企业税务风险评估管控主要由风险规划、风险识别、风险评估、监控评价 4 个环节组成。

1.　风险规划

税务风险评估的第一步是进行风险规划，确定企业的纳税方向，明确税务风险管理的主要目标、主要原则，确立税务风险管理的主要流程、主要内容。

在这个阶段，企业需要根据企业的实际发展状态进行分析，确定未来即将开展的业务，明确各层级部门可能会出现哪些涉税问题，并提前进行规划。如项目较为重大，企业财务人员应当全程跟踪，明确税务问题、确认重点税务风险。

2.　风险识别

风险规划确认后，企业需要进行风险识别。风险识别主要通过因素分析法进行动因分析，根据确定的主要、根本风险动因，对涉税行为进行全面扫描诊断，对所面临的以及潜在的风险加以判断、归类整理，并对风险的性质进行鉴定，确定风险点的管理活动。

例如，企业可能需要签订一份土地使用权转让合同，具体如何转让、转让时间是否确定，这些都会对最终的税负产生明显影响。企业财务人员要根据具体业务确认具体税务风险，提前做出规划，并将相关说明提交至与本次业务产生关联的部门以及企业高层。

风险识别阶段的关键工作是识别引起风险的因素有哪些、哪些是主要因素，以及识别风险的分布情况。风险识别需要保证合理适度，重点是进行工作流程的梳理和分析，对可能产生的税务风险进行识别，并对此进行岗位、人员匹配。

3.　风险评估

在风险识别的基础上，企业需要根据概率论和数理统计等方法，确定风险评估系数。企业应尽可能让管理活动量化、高效、低风险。这是税务风险评估管控的事中阶段。

企业涉及的业务越复杂、关联方越多，那么企业的风险就会越高。所以，在进行风险评估时，一定要确认项目的时间跨度、合作方数量、合作模式、技术要求等。企业可以将风险划分为 5 个等级，级别越高，风险越高；级别越低，风险越低。高等级的风险应重点关注，委派专业能力强的财务人员和律师共同管理；对于低等级的风险，企业只需做好数据的监控和复查。

4. 监控评价

风险监控评价是税务风险评估管控的事后阶段，主要工作就是进行跟踪监控和对管理效果进行评价。监控评价应以企业财务部门、小组为主体，监控各层级、各部门、各岗位是否按照规范的风险应对策略和既定的风险应对方案贯彻执行，履行过程中存在哪些偏差，及时指出和调整。

当风险应对结束后，企业还应对预期管理目标和实际效果进行契合度的分析，评断该方案是否具有较好的科学性、适应性和收益性。如果契合度不高，那么企业应全面反思制度、流程、方法等方面存在的不足，研究改进措施，不断完善风险应对策略和方案。

4.1.5 企业税务信息数据管控制度

企业税务信息数据管控制度是一个通过建立长效机制、加强各类电子税务数据质量管理的制度，这一制度可以确保企业税务信息数据的及时性、完整性与准确性。这一制度由分析、甄别、控制、处理四个部分组成。

1. 分析

企业税务信息数据管控的第一步是对企业税务信息数据进行分析管理，按照企业税收特点，结合现行税法对数据进行分类储存管理。数据的分类储存管理要严格按照企业数据采集规范、系统操作规程、数据处理规范、数据交换规划、电子税务审计规范执行。

同时企业还需要完善各类税务软件的应用与升级管理，确保企业税务数据的录入与储存得到有效控制与校验。

2.　甄别

企业税务信息数据需要甄别数据来源，尤其对企业核心业务而言，税务信息数据的来源决定了业务利润，也决定了企业纳税筹划的条件，所以企业要明确这类数据的来源与准确性，确保每一项数据都可以成为企业纳税筹划的有力支撑。

3.　控制

企业税务信息数据管控制度要求企业对各种税务信息数据进行定期检查。各种技术软件可以用于对数据质量进行检查，检查结果可以体现出企业业务质量，以及企业经营情况。比如企业某项税务业务信息一段时期内频繁出错、质量低下，则这项业务大概率存在内部问题，及时排除这些风险点是确保企业健康发展的关键。检查企业税务信息数据的质量还能够保证企业纳税的规范性，确保企业可以精准进行纳税筹划。

4.　处理

企业一旦发现税务信息数据有问题，就需要按照数据处理制度进行有效处理。

数据处理分为三种情况。第一种情况是确定数据自身错误时，企业应进行数据纠错，通知财务部门、业务部门进行业务审查，找出问题所在，明确问题原因，并及时纠正问责。第二种情况是确定数据错误源于企业系统软件时，企业应及时对企业税务软件程序进行升级完善，确定财务系统、税务管理系统是否存在漏洞，解决这些问题后，再重新审核数据。第三种情况是确定数据错误源于人员操作时，企业应对操作人员进行教育，并进行专业培训，以此确保同类情况不再出现。

4.2　投资活动的税务管理

伴随着我国税务部门以"营改增"为中心的一系列税收政策改革，我国企业发展的税收环境不断趋好，社会经济发展逐渐进入新常态时期，企业发展动力不断增强，市场投资活动不断增加。在这种市场发展背景下，企业投资的税务管理显得更加重要，企业做好各种类型投资活动的税务管理，以及投资活动各环节的税务管理，可以显著提升投资效果，获取更大的利润空间。

4.2.1　研发项目的税务管理

研发是现代企业常见的投资活动，企业通过新技术、新产品研发可以有效增强市场竞争力。虽然大多数企业领导者明白研发项目需要全面的税务管理，但不少企业的领导者与财务人员只将研发项目的税务管理重点放在研发费用的加计扣除之上，却忽视了研发项目的业财税融合问题，这容易导致研发业务、项目财务核算和纳税管理脱节，最终企业研发项目不仅投资加大，很多研发费用的加计扣除优惠也无法享受，为企业带来巨大的投资风险。

总体而言，企业研发项目的税务管理包含三个重要环节。

1.　项目分析

企业开展研发项目之前需要从立项的必要性、创新性和可行性三个方面出发，综合审视项目的开展效果。

首先，分析研发项目是否符合企业需求，项目的技术、工艺是否能够为企业带来效率与质量方面的提升。其次，从行业与市场角度分析研发项目是否具有领先性，是否能够提升企业市场竞争力。最后，分析研发项目是否能够平稳开展，预测的研发难点与潜在问题是否能够全面解决，企业是否已经明确了项目的开展路径。

全面分析了以上三个问题之后，企业才能够明确研发项目的潜在风险，并制定出合理的项目开展策略。

2. 项目管理

研发项目确定之后，企业还需要建立完善的项目管理系统，以确保项目的有效推进。正常情况下，研发项目的管理系统包含四个部分。

（1）研发对象与研发资源管理。这一部分是企业对研发技术、产品、工艺的有效管理，管理重点主要为资源投入与目标设定。

（2）研发人员管理。这一部分主要指企业对研发项目的团队配置、岗位职责、业绩考核的管理。

（3）研发流程管理。这一部分主要指企业对研发项目各个环节的管理，确保每一环节遇到的问题可以及时处理，并对后续环节进行有效调整。

（4）研发成果管理。这一部分是指企业对研发成果出现各种情况的管理。比如研发成果没有达到预期，企业应该如何进行后续决策；研发成果达到预期、超过预期，企业应该如何迅速将研发成果转化为经济价值。

企业只有对研发项目的四个部分进行有效管理，才能够准确把控项目投入情况与推进情况。

3. 财务与税务管理

建立好研发项目管理系统后，企业还需要进行研发项目的财务管理和税务管理，企业财务管理和税务管理是一项综合管理，主要有三个重点。

（1）搭建项目的费用核算体系。研发项目确定之后，企业要对项目的每一个组成部分、每一个推进环节设置好费用核算科目，同时将各项研发费用明确记录在账，以清楚掌握项目的投入情况和承担的税负。

（2）税务申报管理。企业研发项目的税务申报需要结合现行税法，并确定税务申报的正确方式。

（3）项目财务资料和税务资料管理。根据我国现行税法规定，企业研发费用的加计扣除优惠政策按照"自行判别、申报享受、相关资料留存备查"的方式办理。企业办理了研发费用的加计扣除后，税务部门还会对企业进行事后审查，如果企业研发费用加计扣除的合规性不达标，或缺少相关资料的证明，企业不仅无法享受税收优惠政策，甚至还会遭受严重处罚。

4.2.2　直接投资税务管理的主要内容

直接投资是指企业投资购买其他企业股份，从而获得该企业经营控制权的投资方式。这种投资方式主要的特征是一家企业拥有另外一家企业的永久利益，两者存在关系，且投资者对被投资者的经营管理产生长期影响。

目前，直接投资已经成为我国企业主要的投资经营方式。从税务管理角度分析，由于直接投资涉及的资金量与资金活动范围较大，所以税务管理内容也比较丰富，其主要包括对投资方向、投资地点、投资方式、企业组织形式、对外股权投资的税务管理。

1.　投资方向的税务管理

从我国现行税法规定中可以看出，不同投资方向对应不同税收政策。企业投资方向的税务管理主要指企业从纳税角度出发，选择适合自身企业实际经营情况，税负轻、风险低、回报大的投资方向。比如我国现行税法规定，国家需要重点扶持的高新技术企业，减按 15% 的税率征收企业所得税。

国家需要重点扶持的高新技术企业，是指拥有核心自主知识产权，产品（服务）属于《国家重点支持的高新技术领域》规定的范围、研究开发费用占销售收入的比例不低于规定比例、高新技术产品（服务）收入占企业总收入的比例不低于规定比例、科技人员占企业职工总数的比例不低于规定比例，以及高新技术企业认定管理办法规定的其他条件的企业。

对从事文化产业支撑技术等领域的文化企业，按规定认定为高新技术企业的，减按 15% 的税率征收企业所得税。

这些规定就是重要的投资方向参考依据，企业可以结合自身实际情况，对比享受优惠政策的条件，之后确定投资项目。

2. 投资地点的税务管理

我国现行税法不仅对投资方向实施不同的税收政策，对不同地区也实施不同的税收政策。比如我国为鼓励西部区域经济发展，国家税务总局于 2021 年发布了《西部地区鼓励类产业目录（2020 年本）》，鼓励类企业减按 15% 税率缴纳企业所得税。这些低税负区域可以成为企业投资活动的投资地点参考，在这些区域投资企业可以享受更优惠的税收政策。

3. 投资方式的税务管理

企业投资方式的税务管理是指企业根据货币投资、实物投资、知识产权投资、土地产权投资等不同方式进行的纳税筹划与投资规划。因为我国现行税法对不同投资方式有不同税收规定，企业合理选择投资方式能够有效减轻投资项目的税负。

4. 企业组织形式的税务管理

企业针对组织形式的税务管理主要体现在企业发展到一定规模之后，企业需要对外扩张，并设立分支机构，分支机构的纳税身份决定了企业整体的纳税方式与纳税筹划空间。企业根据自身实际经营情况选择分支机构的纳税身份，之后利用分支机构之间可能存在的盈亏不均、税率差别等因素进行纳税筹划，从而合理合法地减轻企业税负。

5. 对外股权投资的税务管理

企业对外股权投资是指企业购买其他企业股权，从而获取投资收益的行为。企业对外股权投资过程中进行税务管理主要包含三个重点。

（1）充分考虑纳税筹划的完整效益。

企业对外股权投资时需要从投资方向、投资地点、投资方式，以及被投资企业组织形式等方面充分考虑投资效益，投资承担的税负便是投资效益的一大考量因素。比如企业可以投资一些政府扶持的、可以享受税收优惠政策的行业，从而提升投资利润与投资效果。

（2）深入了解股权投资的税收环境。

企业进行股权投资后，由于企业拥有了被投资企业的控制权，所以自身组织形式也会发生变化，企业税收环境、纳税筹划方式也会发生变化。这时企业要根据新组织形式下对应的纳税关系制定纳税筹划策略，利用新的税收环境扩大纳税筹划空间，这可以为企业带来更多获得收益的机会。

（3）充分认识股权投资的税务风险。

对外股权投资需要承担相应的税务风险。规避股权投资带来税务风险的方法主要是深入了解股权投资后的税收环境，尤其针对投资后企业增加的税收约束条款，企业要保持高度敏感，及时调整以往的纳税筹划策略，对股权投资后的税务风险进行重新评估，并制定出有效的风险预防方案。

4.2.3　企业权益性投资收益的税务管理

企业权益性投资收益是指企业通过获取其他企业权益或净资产的投资方式获取的投资收益。这部分收益拥有投资方收益不固定、被投资方不需偿还本金和利息的特点。权益性投资收益主要包括投资股息、红利和利润。按照我国现行税法规定，不同形式的权益性投资取得的收益应按照不同形式的纳税条件征税。

结合我国现行税法各项规定，以及市场中权益性投资收益的具体类型，可以总结得出企业权益性投资收益的税务管理重点有以下四个。

1. 投资收益的确认时间

按照《国家税务总局关于贯彻落实企业所得税法若干税收问题的通知》（国税函〔2010〕79 号）规定："企业权益性投资取得股息、红利等收入，应以被投资企业股东会或股东大会作出利润分配或转股决定的日期，确定收入的实现。"从这项政策中可以看出，权益性投资收益的确认时间是企业纳税的关键，企业根据经营实际情况调整权益性投资收益的确认时间，可以相应调整这部分收益的纳税时间，进而避免企业在某一阶段产生过重的税负。

2. 权益性投资收益的免税条件

《中华人民共和国企业所得税法》中明确规定如下。

第二十六条　企业的下列收入为免税收入：

（一）国债利息收入；

（二）符合条件的居民企业之间的股息、红利等权益性投资收益；

（三）在中国境内设立机构、场所的非居民企业从居民企业取得与该机构、场所有实际联系的股息、红利等权益性投资收益；

（四）符合条件的非营利组织的收入。

《中华人民共和国企业所得税法实施条例》中明确规定如下。

第八十三条　企业所得税法第二十六条第（二）项所称符合条件的居民企业之间的股息、红利等权益性投资收益，是指居民企业直接投资于其他居民企业取得的投资收益。企业所得税法第二十六条第（二）项和第（三）项所称股息、红利等权益性投资收益，不包括连续持有居民企业公开发行并上市流通的股票不足 12 个月取得的投资收益。

上述两项政策是企业权益性投资收益免税的关键参考依据，企业可以结合自身权益性投资实际情况，对比是否可以享受免税优惠。

3. 分配溢价资本公积暂不征税

由于企业股票溢价发行所形成的资本公积属于后来投资者投入的成本，所以此部分转股分配属于投资成本的分配，不属于权益性投资收益的纳税范围。我国现行税法对此明确规定："被投资企业将股权（票）溢价所形成的资本公积转为股本的，不作为投资方企业的股息、红利收入，投资方企业也不得增加该项长期投资的计税基础。"

比如 A 企业通过权益性投资成为上市公司 B 的股东，A 企业权益性投资计税成本为 1 000 万元。2021 年上市公司 B 决定将股票溢价发行形成的资本公积转增股本，A 企业转增股本为 600 万元。按照现行税法规定这 600 万元便不需要申报纳税。

4. 权益性投资损失可以在税前一次性扣除

企业权益性投资需要承担一定的投资风险，当权益性投资收益为负值时，这部分损失可以在税前进行一次性扣除。《国家税务总局关于企业股权投资损失所得税处理问题的公告》中对此做出了明确规定，企业对外进行权益性投资所发生的损失，在经确认的损失发生年度，作为企业损失在计算企业应纳税所得额时一次性扣除。

由此可以看出，我国现行税收政策具有较高的公平性，企业权益性投资收益为正时需要纳税，为负时则不需要纳税。

4.2.4　固定资产投资方式的税负比较

固定资产的投资方式分为直接购买、股东投入、企业重组和股东调拨四种，按照我国现行税法规定，采取不同方式投资固定资产需要承担不同的税负，下面对这四种方式的税负进行对比。

1. 直接购买

直接购买是指企业直接购买固定资产的投资方式。从纳税筹划角度分析，这种固定资产投资方式承担的税负最轻，因为直接购买固定资产的投资方式可以享受税前一次性扣除，还可以依据会计准则计算的每年折旧额加计扣除。

2. 股东投入

股东投入是指企业股东直接用固定资产作为投资的投资方式。这种固定资产投资需要缴纳增值税、附加税和企业所得税，且不符合固定资产加速折旧的条件，企业应按至少 10 年计提折旧，分 10 年税前扣除，这部分固定资产不能产生货币时间价值利润。

3. 企业重组

企业重组是指企业以重组、合并的方式进行的固定资产投资。这种投资方式承担的税负与股东投入类似。假定企业通过重组方式获得的固定资产账面净值和市场公允价值相等，没有计提减值准备。重组双方企业约定固定资产的公允价值作为入账价值，则这部分固定资产不符合我国税法要求的加速折旧的条件，不能在企业所得税前一次性扣除。

4. 股东调拨

股东调拨是指企业通过股东无偿调拨获取固定资产的方式。但是这部分固定资产无论是股东投资，还是股东捐赠，入账价值都需要按照公允价值作为计税基础。同时这部分固定资产不符合加速折旧的条件，不能享受企业所得税前一次性扣除，必须按税法规定的年限计提折旧扣除，不能产生货币时间价值利润。

基于上述对比，仅从企业纳税筹划角度分析，直接购买方式的固定资产投资税负最轻，且投资方式简单，企业能够享受较大的税收优惠，所以这种方式也是现代企业使用较多的固定资产投资方式。

案例

A 公司作为一家成熟企业，其决定在 2021 年扩大销售规模，进行对外投资，初步计划在甲、乙两座城市设立两处新的销售机构。不过 A 公司发现，虽然甲城市是企业发展战略的重要布局点，但目前甲城市的市场开拓效果不佳，在甲城市设立新销售机构预计 2021 年会发生 100 万元的亏损。而乙城市的各项条件优越，在乙城市设立新销售机构预计可以取得 1 000 万元利润。另外，A 公司还计算出 2021 年总公司可以取得 6 000 万元利润，A 公司适用的企业所得税税率为 25%。那么这种情况下，从纳税筹划角度分析，A 公司该如何对外投资？

由于在甲城市设立的新销售机构处于亏损状态，如果该销售机构为子公司，则子公司不需要缴纳企业所得税，但其亏损无法被 A 公司税前扣除。所以在甲城市设立的新销售机构应该被设为 A 公司的分公司，这样 A 公司 2021 年的企业所得税可以从 6 000×25%=1 500（万元），减少至（6 000-100）×25%=1 475（万元）。

而在乙城市设立的新销售机构处于盈利状态，如果该销售机构适用的所得税税率低于 25%，则可以设立其为子公司，A 公司可以通过向子公司转移利润的方式减轻企业整体税负。如果在乙城市设立的新销售机构适用的所得税税率为 25%，则新销售机构被设为分公司、子公司均可。

4.3　融资相关活动的税务管理

企业融资是一项复杂的经营活动，这一过程涉及大量的财务工作，并影响着企业核心发展实力与发展效果。融资活动的税务管理是一项缜密的工作，需要根据企业融资形式进行多方面综合考量，只有做好税务管理，企业才能经营好融资活动。

下面针对现代企业常见的融资活动进行税务管理的详细分析。

4.3.1　银行借款的税务管理

企业向银行借款是非常常见的融资方式，这一过程中涉及的税务管理内容相对较少，包括两点。一是企业向银行借款过程中需要签订借款合同，这时需要缴纳印花税，缴税税额为借款金额乘以印花税税率万分之零点五。二是按照我国企业所得税法规定："企业实际发生的与取得收入有关的、合理的支出，包括成本、费用、税金、损失和其他支出，准予在计算应纳税所得额时扣除。"所以企业向银行借款后产生的利息，可以在企业缴纳所得税之前扣除。

4.3.2　统借统还的税务管理

统借统还是指企业集团向金融机构借款获取资金后，将资金分拨给下属企业，之后向下属企业收取借款本息的金融业务。这是一项涉及外部借款、内部分配的综合业务，其主要涉及的税种为增值税与企业所得税。

1. 增值税

在增值税管理方面，统借统还要享受免征增值税的条件有三个：一是企业必须是集团企业；二是借款主体和借款实施主体都必须符合相关规定；三是借款利率必须符合要求。其中第二个条件借款双方必须符合相关规定要视企业所属行业、地区等实际情况认定，税务机关对此有明确规定。企业需要重点管理的是第三个条件，借款利率。按照我国现行税法规定，企业统借统还过程中，统借方向资金需求方收取的利率高于金融机构借款利率水平的，需要全额缴纳增值税；不高于这一水平的则可以免征增值税。

2. 企业所得税

在企业所得税方面，根据现行税法规定，企业需要满足以下条件才能够将统借统还的利息进行税前列支。

（1）具有统借方与下属企业属于同一个企业集团的证明文件。

（2）具有统借方向金融机构取得借款的证明文件。

（3）统借统还利率不高于金融机构借款利率水平。

（4）除房地产开发企业外，统借方必须是企业集团或者企业集团中的核心企业。

（5）对房地产开发企业必须具有使用借款的企业间分摊合理利息的利息分摊表。

（6）借款方必须是金融机构。

（7）借款资金必须实际到位。

4.3.3　债务重组的税务管理

债务重组是指企业作为债务人出现财务困难时，债权人按照企业与其他债务人达成的协议，或者在法院裁定下做出的债务让步。债务重组的方式主要包括资产清偿债务、将债务转为资本、修改其他债务条件以及以上三种方式的组合。

企业出现债务重组时往往伴随着当期损益，纳税情况也会发生以下两个方面的变化。

1.　一般税务变化

《财政部　国家税务总局关于企业重组业务企业所得税处理若干问题的通知》（财税〔2009〕59号）中明确规定如下。

1.以非货币资产清偿债务，应当分解为转让相关非货币性资产、按非货币性资产公允价值清偿债务两项业务，确认相关资产的所得或损失。

2.发生债权转股权的，应当分解为债务清偿和股权投资两项业务，确认有关债务清偿所得或损失。

3.债务人应当按照支付的债务清偿额低于债务计税基础的差额，确认债务重组所得；债权人应当按照收到的债务清偿额低于债权计税基础的差额，确认债务重组损失。

4.债务人的相关所得税纳税事项原则上保持不变。

企业发生债务重组时，债权人对债务人做出的让步，债务人应当确认为债务重组所得，并计入当期应纳税所得额中。债权人应当确认当期的债务重组损失，这部分损失予以税前扣除。

另外，国家税务总局在《对十三届全国人大一次会议第 2304 号建议的答复》的"关于债务重组所得税收问题"的答复如下。

……《财政部　国家税务总局关于企业重组业务企业所得税处理若干问题的通知》（财税〔2009〕59 号）等文件，充分考虑企业可能存在的现金流困难等情况，明确规定，对于符合条件的企业债务重组，债务重组所得可以在 5 个纳税年度期间内递延纳税；通过债转股方式化解债务的，债务清偿和股权投资两项业务暂不确认所得或损失。我局将继续加强相关政策的宣传辅导，指导税务系统更好地落实债务重组特殊性税务处理政策，依法支持企业开展债务重组。

这一政策扩大了企业发生债重组时的纳税筹划空间，帮助企业减小了债务重组期间的纳税压力。

2.　特殊税务变化

企业发生债务重组时也可以享受税收优惠政策。根据《财政部　国家税务总局关于企业重组业务企业所得税处理若干问题的通知》（财税〔2009〕59 号）规定，企业债务重组适用特殊性处理规定必须具备以下条件。

（一）具有合理的商业目的，且不以减少、免除或者推迟缴纳税款为主要目的。

（二）被收购、合并或分立部分的资产或股权比例符合本通知规定的比例。

（三）企业重组后的连续 12 个月内不改变重组资产原来的实质性经营活动。

（四）重组交易对价中涉及股权支付金额符合本通知规定比例。

（五）企业重组中取得股权支付的原主要股东，在重组后连续 12 个月内，不得转让所取得的股权。

符合以上条件的企业，债务重组双方企业可以按照规定进行特殊性税务处理："企业债务重组确认的应纳税所得额占该企业当年应纳税所得额 50% 以上，可以在 5 个纳税年度的期间内，均匀计入各年度的应纳税所得额。企业发生债权转股权业务，对债务清偿和股权投资两项业务暂不确认有关债务清偿所得或损失，股权投资的计税基础以原债权的计税基础确定。企业的其他相关所得税事项保持不变。"

4.3.4　资产收购的税务管理

资产收购是指企业购买另外一家企业实质经营性资产的行为，我国税法规定，企业进行资产收购后必须实际经营收购的资产，保持资产经营的连续性。

从税务管理角度分析，资产收购的税务处理和企业资产交易的税务处理完全一致。企业在资产收购过程中，被收购企业通过资产转让发生了所得，则需要按照资产的市场价格或公允价值与计税基础的差额确认资产转让所得，企业需要缴纳企业所得税。如果资产收购中被收购企业出现了资产损失，这部分损失也可以进行税前扣除。

4.3.5　资金拆借取得收入的税务管理

资金拆借是企业经营中会经常遇到的筹资情况，通过资金拆借，企业也可以获得一定收入。为规范企业的资金拆借，我国税法对企业资金拆借的纳税情况进行了明确规定。根据规定，企业可以对资金拆借进行有效的税务管理。

1.　增值税

《财政部　国家税务总局关于全面推开营业税改征增值税试点的通知》（财税〔2016〕36 号）的附件《营业税改征增值税试点实施办法》中明确提出以下规定。

第十四条 下列情形视同销售服务、无形资产或者不动产。

（一）单位或者个体工商户向其他单位或者个人无偿提供服务，但用于公益事业或者以社会公众为对象的除外。

（二）单位或者个人向其他单位或者个人无偿转让无形资产或者不动产，但用于公益事业或者以社会公众为对象的除外。

……

根据这一规定，企业集团内部进行有息资金拆借的行为可以视同为提供贷款，企业之间所收的利息需缴纳增值税。

2. 企业所得税

《中华人民共和国企业所得税法》中明确规定："企业与其关联方之间的业务往来，不符合独立交易原则而减少企业或者其关联方应纳税收入或者所得额的，税务机关有权按照合理方法调整。"从这一规定中可以看出，我国税务部门对企业资金拆借的"独立交易原则"较为重视，这便是企业资金拆借过程中需要注意的税务管理重点。

4.3.6 融资性售后回租的税务管理

所谓融资性售后回租是指企业以融资为目的，将资产出售给从事融资租赁业务服务的企业后，再将该资产租回用于经营生产的行为。

这一过程中，企业税务管理主要包括以下三个方面。

1. 增值税

按照我国现行税法规定，企业在融资性售后回租过程中，企业作为承租人支付的本金部分不得开具增值税专用发票，但可以开具增值税普通发票。

另外，如果企业出售的资产为土地使用权、地上建筑物及其附着物，企业作为土地增值税纳税人在取得收入时需要缴纳土地增值税。

2. 企业所得税

《国家税务总局关于融资性售后回租业务中承租方出售资产行为有关税收问题的公告》中明确规定："根据现行企业所得税法及有关收入确定规定，融资性售后回租业务中，承租人出售资产的行为，不确认为销售收入，对融资性租赁的资产，仍按承租人出售前原账面价值作为计税基础计提折旧。租赁期间，承租人支付的属于融资利息的部分，作为企业财务费用在税前扣除。"

4.3.7 有关金融商品转让收入的税务管理

金融商品转让收入是指企业利用转让外汇、有价证券、非货物期货，以及其他金融商品所有权而获得的收入。这种金融活动收入的税务管理主要针对增值税，管理的重点是根据企业的纳税人身份进行计税。

根据我国现行税法规定，企业纳税人身份分为一般纳税人和小规模纳税人。其中一般纳税人通过金融商品转让取得的收入缴纳的增值税的税率为6%，小规模纳税人通过金融商品转让取得的收入缴纳的增值税的征收率为3%。

在金融商品转让过程中，企业按照金融商品卖出价格扣除买入价格后的余额为销售额，如果转让金融商品出现负差，则按照盈亏相抵后的余额为销售额。如果负差较大，还可以转入下一个纳税周期与下期金融商品销售额相抵，但年末仍出现负差的，则不得转入下一个会计年度。需要注意的是，企业同时进行多种金融商品转让时，纳税可以合并计算，最终应纳税额以多种金融商品转让活动的最终收益来确定。

案例

A公司为一般纳税人，2021年A公司进行了一次金融商品转让，取得税前收入3 000元，A公司买入该金融商品的含税价格为2 000元，无其他转结，那么A公司这笔金融商品转让的增值税税额为多少？

按照上述条件计算，A 公司这笔金融商品转让的增值税税额应该为（3 000−2 000）÷（1+6%）×6%=56.60（元）。

4.3.8　金融同业往来利息收入的税务管理

金融机构的同业往来是金融机构利息收入的主要来源，也是金融机构税务管理的重点。正常情况下，金融同业往来利息收入的税务管理与其他行业收入的税务管理相似，都是根据企业实际经营情况对增值税、企业所得税、个人所得税、教育费附加等开展纳税筹划。但我国开始"营改增"改革之后，对增值税推出了多项税收优惠政策，金融同业往来利息收入满足条件的则可以免征增值税，所以核对自身情况是否能够享受税收优惠政策，成了当前金融企业对同业往来利息收入税务管理的重要内容。

《财政部 国家税务总局关于全面推开营业税改征增值税试点的通知》（财税〔2016〕36 号）（附件 3《营业税改征增值税试点过渡政策的规定》）明确规定，以下金融同业往来利息收入免征增值税。

1. 金融机构与人民银行所发生的资金往来业务，包括人民银行对一般金融机构贷款，以及人民银行对商业银行的再贴现等。

2. 银行联行往来业务。同一银行系统内部不同行、处之间所发生的资金账务往来业务。

3. 金融机构间的资金往来业务。是指经人民银行批准，进入全国银行间同业拆借市场的金融机构之间通过全国统一的同业拆借网络进行的短期（一年以下含一年）无担保资金融通行为。

《财政部 国家税务总局关于进一步明确全面推开营改增试点金融业有关政策的通知》（财税〔2016〕46 号）规定，金融机构开展下列业务取得的利息收入，属于《营业税改征增值税试点过渡政策的规定》（财税〔2016〕36号）第一条第（二十三）项所称的金融同业往来利息收入，免征增值税。

（一）质押式买入返售金融商品。

质押式买入返售金融商品，是指交易双方进行的以债券等金融商品为权利质押的一种短期资金融通业务。

（二）持有政策性金融债券。

政策性金融债券，是指开发性、政策性金融机构发行的债券。

《财政部 国家税务总局关于金融机构同业往来等增值税政策的补充通知》（财税〔2016〕70号）规定，金融机构开展下列业务取得的利息收入免征增值税。

（一）同业存款。

同业存款，是指金融机构之间开展的同业资金存入与存出业务，其中资金存入方仅为具有吸收存款资格的金融机构。

（二）同业借款。

同业借款，是指法律法规赋予此项业务范围的金融机构开展的同业资金借出和借入业务。此条款所称"法律法规赋予此项业务范围的金融机构"主要是指农村信用社之间以及在金融机构营业执照列示的业务范围中有反映为"向金融机构借款"业务的金融机构。

（三）同业代付。

同业代付，是指商业银行（受托方）接受金融机构（委托方）的委托向企业客户付款，委托方在约定还款日偿还代付款项本息的资金融通行为。

（四）买断式买入返售金融商品。

买断式买入返售金融商品，是指金融商品持有人（正回购方）将债券等金融商品卖给债券购买方（逆回购方）的同时，交易双方约定在未来某一日期，正回购方再以约定价格从逆回购方买回相等数量同种债券等金融商品的交易行为。

（五）持有金融债券。

金融债券，是指依法在中华人民共和国境内设立的金融机构法人在全国银行间和交易所债券市场发行的、按约定还本付息的有价证券。

（六）同业存单。

同业存单，是指银行业存款类金融机构法人在全国银行间市场上发行的记账式定期存款凭证。

4.3.9　担保机构有关业务收入的税务管理

担保机构是现在企业进行金融活动的重要服务机构，所以这一行业有关业务收入一般按照服务行业标准征收印花税和企业所得税。担保机构对自身业务收入的税务管理主要体现在印花税上，因为担保机构的各项业务会涉及大量借款、财产保险等合同，这些合同都需要缴纳印花税。

印花税的纳税筹划主要分为两个方面，一是减少合同金额，在合同双方同意的基础上，在合理合法范围内根据实际情况减少合同金额，从而达到减轻税负的效果。二是模糊合同金额，担保机构为其他企业担保时，双方签订的合同具体金额可以设置各种限制，如果合同上的最终金额无法最终确定，也可以起到减轻税负效果。

4.3.10　金融企业放贷利息的税务管理

金融企业的主要收入方式是通过放贷收取利息，所以放贷利息是这一行业税务管理的重点。根据我国现行税法规定，金融企业放贷利息涉及的主要税种是企业所得税。

为规范金融企业纳税行为，2010 年，国家税务总局发布了《国家税务总局关于金融企业贷款利息收入确认问题的公告》（国家税务总局公告 2010 年第 23 号），这项政策中明确提出以下规定。

一、金融企业按规定发放的贷款，属于未逾期贷款（含展期，下同），应根据先收利息后收本金的原则，按贷款合同确认的利率和结算利息的期限计算利息，并于债务人应付利息的日期确认收入的实现；属于逾期贷款，其逾期后发生的应收利息，应于实际收到的日期，或者虽未实际收到，但会计上确认为利息收入的日期，确认收入的实现。

二、金融企业已确认为利息收入的应收利息，逾期 90 天仍未收回，且会计上已冲减了当期利息收入的，准予抵扣当期应纳税所得额。

三、金融企业已冲减了利息收入的应收未收利息，以后年度收回时，应计入当期应纳税所得额计算纳税。

企业所得税的计税基础是企业所得，金融企业的主要所得正是放贷利息，根据这一规定确定金融企业放贷利息的确认收入时间，并开展纳税筹划，是金融企业税务管理的主要工作。

案例

2021 年，A 公司由于经营问题无法偿还欠 B 公司的 100 万元货款，A、B 两家公司商议协定，A 公司用其控股公司的部分股权偿还 B 公司的货款。该股权账面价值为 50 万元。那么，这种情况下，A、B 公司应该如何纳税？

由于 A、B 两家公司的债务重组具有合理的商业目的，且不以减少、免除或者推迟缴纳税款为主要目的，所以 A 公司完成债务重组后应该确认债务重组所得 100−50=50（万元），假设 A 公司适用的企业所得税税率为 25%，则 A 公司债务重组需要缴纳的企业所得税为 50×25%=12.5（万元）。

而 B 公司通过债务重组损失了 100−50=50（万元），这 50 万元亏损可以在 B 公司缴纳企业所得税前扣除，如果 2021 年 B 公司的应纳税所得额不足 50 万元，还可以向后续 5 年转结。

4.4　增值税常见涉税问题

税务部门开展增值税稽查活动，主要目的是规范企业增值税日常监督管理，防范和查处偷、骗增值税的行为。近年来，增值税稽查力度越来越大，企业必须在提高依法纳税自觉性的同时，选择正确方法，积极应对税务部门的稽查活动，以控制风险。

4.4.1　增值税纳税常见涉税问题分析

企业在缴纳增值税的过程中，会因存在以下常见问题，而被税务部门处罚。

1. 纳税义务发生时间的常见问题

故意将销售收入入账的时间推迟，以实现延迟纳税，主要情形分为以下四种。

（1）在以托收承付方式进行销售结算时，推迟托收承付手续的办理，以减少当期账面销售额或利润。

（2）商品或服务交付或提供后，不立刻进行销售收入入账，以推迟申报纳税。

（3）在以提货交款方式进行销售结算时，企业已收到货款并交付提货单和发票，但利用买方尚未提货的时间差，不确认销售收入。

（4）在代销商品时，故意延迟结算，以减少当期税额。

2. 销售额申报的常见问题

利用减少当期销售额的申报方法，减少销项税额，具体情形如下。

（1）虽在账面记录销售额，但未确认计提销项税额，也未申报应纳税额。

（2）虽在账面记录了销售额、计提了销项税额，但少申报或不申报应纳税额。

3. 账面隐匿销售额的常见问题

企业未按要求及时核算销售额，隐匿收入且未计提销项税额，主要包括以下情形。

（1）将商品销售额直接抵销成本或库存。

（2）采用商品抵换商品的方式进行变相销售，不按法规确认销售收入，也不计提销项税额。

（3）采用商品抵债的方式进行变相销售，未计提销项税额。

4. 收取价外费用的常见问题

企业对向购买方收取的商品或服务价格外的附加费用不予入账，或者直接冲抵费用，或者采用长期支付与挂往来账等方法，不将该费用计入增值税计税依据中。

5. 利用关联企业转移计税价格的常见问题

企业利用关联企业，以明显低于同一时期同行业企业的销售价格，向关联企业销售商品或提供服务。这种方法人为转移了计税价格。

6. 以旧换新、还本销售的常见问题

采取以旧换新、还本销售方式时，纳税企业存在以下常见问题。

（1）利用还本方式开展销售，但只对还本支出之外的销售额计算应纳税额。（依法应按实际销售额计算）

（2）利用以旧换新方式开展销售（金银首饰除外），只按实际收取的销售款项计算应纳税额。（依法应按新货物的同期市场价格计算）

7. 出售、出借包装物的常见问题

在出售、出借包装物时，纳税企业存在以下常见问题。

（1）随同商品出售的包装物，进行单独计价，价格不计入或少计入销售收入。

（2）对包装物设定押金，其收入未及时纳税。

8. 应税固定资产出售的常见问题

企业对固定资产出售后的收入进行分解，导致应税固定资产的账面转让价格低于原值，造成增值税被稽查的风险。

9. 账外经营的常见问题

纳税企业私自设立内、外账簿，即对内记载真实的经营、销售情形，对外则记载虚假情形，谎报收入和利润，以达到少缴甚至不缴增值税的目的。

4.4.2　销项税额常见涉税问题

企业在销售产品或提供服务时会产生应交增值税，即销项税额。有关销项税额的问题是企业涉税问题的常见问题，企业应慎重对待。

企业在处理销项税额时，常见的问题如下。

（1）委托他方代销，但未按规定报税。

（2）企业接受委托代销，但未按规定报税。

（3）在不同县（市）间移送货物用于销售，但未按规定报税。

（4）生产、加工用于非应税项目、集体福利和个人消费的产品，但未按规定视同销售报税。

（5）企业出于对外投资、内部分配或无偿赠送目的，生产、加工或购买产品，但未按规定视同销售报税。

4.4.3 进项税额常见涉税问题

企业在购入产品、劳务、服务、不动产、无形资产时，所应支付或负担的增值税，统称为进项税额。进项税额常见涉税问题如下。

1. 购进环节的常见问题

在购进环节中，企业常见的问题如下。

（1）购买固定资产、工程物资时的进项税额不当抵扣。

（2）通过使用农产品收购凭证，将其他费用计入购买价，以抵扣进项税额。

（3）错误适用税率，多计进项税额。

（4）采购中发生非合理损耗，未能按规定计入进项税额。

2. 存货的常见问题

企业与存货相关的进项税额的常见问题如下。

（1）在退货或取得折让时，多抵扣而未按规定进行进项税额转出。

（2）产品或服务用于非应税项目，或发生非正常损失，却未按规定转出进项税额。

（3）产品或服务用于免税项目，未按规定转出进项税额。

（4）将内部管理问题导致的材料短缺记为发出数，从而少缴进项税额。

（5）盘点时发现存货亏损，未按规定进行账务处理，导致未转出进项税额。

3. 在建工程的常见问题

企业的在建工程与进项税额相关的常见问题如下。

（1）将工程用料成本直接计入相关成本，从而绕过"在建工程"账户进行核算，以增加可抵扣的进项税额。

（2）未将工程用料作为进项税额转出，或故意缩减工程用料费用，减少进项税额转出。

（3）未对工程耗费的水、电、气等成本进行分配，减少进项税额转出。

4. 返利的常见问题

企业返利事项与进项税额相关的常见问题如下。

（1）将返利部分视为其他应付款或应收账款等，未能作为进项税额转出。

（2）将返利冲抵销售费用，未能作为进项税额转出。

5. 运输费用的常见问题

企业运输费用与进项税额相关的常见问题如下。

（1）增大计税的抵扣基数，或错误选择税率。

（2）将非应税项目运费支出作为进项税额抵扣。

4.5　企业利润表项目常见涉税问题

利润表稽查是税务稽查的重点。企业应日常检查利润表项目，主动规避其中的风险。

4.5.1　企业主营业务涉税问题

企业主营业务涉税问题较多，主要包括以下类型。

1. 与收入项目相关的常见涉税问题

企业收入的处理中，有以下涉税问题。

（1）企业主营业务收入计算不准确。

（2）已实现的收入被隐匿。

（3）已实现的收入未及时入账。

（4）未对视同销售的行为进行及时纳税。

（5）未正确处理销售货物的税务问题。

2. 与成本项目相关的常见涉税问题

企业的成本管理经常会出现涉税问题，具体问题如下。

（1）采取虚开发票等手段虚报成本。

（2）一次性将资本性支出计入成本。

（3）将企业基建项目、福利发放所耗费的成本计入生产成本；将企业对外投资发出的货物直接计入成本或费用。

（4）无正当理由变动成本的计价方式。

（5）企业成本的比例不合理。

（6）错误计量收入、发出和结存的原材料。

（7）企业未按规定的摊销办法对周转材料计算摊销额，将之计入成本。

（8）错误分配成本。

（9）错误核算人工费用。

（10）对销售成本错误核算。

①虚报销售数量、销售成本。

②对销售退回的货物，只冲减销售收入而未冲减销售成本。

③将本企业发出货物中用于基建、福利、赠送和对外投资的部分也计入销

售成本。

3. 与费用项目相关的常见涉税问题

企业费用管理中，常见涉税问题如下。

（1）未能划清费用的界限，主要包括以下类型。

①未划清资本性支出与费用性支出的界限。

②在成本和费用中重复列支同一项支出。

③未划清有扣除标准费用和无扣除标准费用的界限。

（2）管理费用的问题，主要包括以下类型。

①未对业务招待费依据税法规定进行纳税调整。

②擅自扩大技术开发费用的列支范围，以享受税收优惠。

③违反规定，对专项基金加以提取使用。

④违反规定，对企业之间支付的管理费用、企业内营业机构之间支付的费用（如租金、特许权使用费等）进行税前扣除。

（3）销售费用的问题，主要包括以下方面。

①超额列支广告费和业务宣传费。

②错误处理专设销售机构经费。

③虚构未发生的运输及装卸费。

（4）财务费用的问题，主要包括以下类型。

①贷款实际使用企业和利息偿还企业不属于同一家企业。

②企业从非金融机构借款后，对其利息支出中超过按金融机构同期同类贷款利率计算的部分，未及时进行纳税调整。

③企业从关联方接受债权性投资、权益性投资，其总比例超过规定标准而产生的利息支出部分，未及时进行纳税调整。

④产生汇兑损益后，未正确进行纳税处理。

⑤企业（非银行）内不同营业机构间支付的利息被税前扣除。

4.5.2 其他业务涉税问题

企业其他业务同样存在涉税风险，主要问题如下。

1. 与税金项目相关的常见涉税问题

企业与税金直接相关的问题主要有3种。

（1）对本应资本化的税金，在税前予以扣除。

（2）对应补提补缴的以前年度税金，在税前直接扣除。

（3）对企业所得税额、应由个人负担的个人所得税额等，在税前予以扣除。

2. 与营业外支出项目相关的常见涉税问题

（1）公益救济性捐赠的支出，企业未对其中不符合规定标准的部分进行纳税调整。

（2）企业对因违法经营而被没收的财物，被处以的滞纳金、罚金和罚款等，或赞助等与收入无关的支出，未进行纳税调整。

（3）企业发生非正常损失，未扣除个人赔偿或保险赔款即入账。

第5章

企业税务稽查风险防范

在数字技术高速发展的今天，我国税务系统逐渐进入"以数治税"的科技时代，现代企业纳税越发便捷，税收效率显著提升。

在这种背景下，企业税务稽查风险更加明晰。目前，我国企业税务风险存在的主要群体是中小企业，因为大多数中小企业对税务稽查风险防范不重视，且不懂得如何进行税务自查，导致企业纳税风险居高不下，且时常被税务机关处罚。所以中小企业及时提升税务稽查风险防范意识，是提升自身发展效果，同时全面改革我国税收环境的重要举措。

5.1 企业所得税申报事项的自查重点

企业所得税作为企业纳税的重要税种，是需要自查的重点，这一税种的自查内容主要包括以前年度应扣未扣支出的处理、以前年度发生的资产损失未扣除的处理、税收优惠政策的办理、资产损失税前扣除的办理、跨地区经营汇总纳税的办理、境外所得抵免的办理，以及企业重组时适用的特殊性税务处理。以上内容的税务办理情况是企业减轻税负及税务自查的主要内容。

5.1.1 以前年度应扣未扣支出的处理

2012 年，国家税务总局为规范税收执法，优化税收环境，发布了《国家税务总局关于企业所得税应纳税所得额若干税务处理问题的公告》，这项政策中明确规定了以下内容。

六、关于以前年度发生应扣未扣支出的税务处理问题

根据《中华人民共和国税收征收管理法》的有关规定，对企业发现以前年度实际发生的、按照税收规定应在企业所得税前扣除而未扣除或者少扣除的支出，企业做出专项申报及说明后，准予追补至该项目发生年度计算扣除，但追补确认期限不得超过 5 年。

企业由于上述原因多缴的企业所得税税款，可以在追补确认年度企业所得税应纳税款中抵扣，不足抵扣的，可以向以后年度递延抵扣或申请退税。

亏损企业追补确认以前年度未在企业所得税前扣除的支出，或盈利

企业经过追补确认后出现亏损的，应首先调整该项支出所属年度的亏损额，然后再按照弥补亏损的原则计算以后年度多缴的企业所得税款，并按前款规定处理。

企业中如果存在以前年度应扣未扣支出的情况，可以按照这一规定进行税务处理。

另外，《中华人民共和国税收征收管理法》中还明确规定："纳税人超过应纳税额缴纳的税款，税务机关发现后应当立即退还；纳税人自结算缴纳税款之日起三年内发现的，可以向税务机关要求退还多缴的税款并加算银行同期存款利息，税务机关及时查实后应当立即退还；"这代表企业即使多缴纳税款，依然可以在随后的 3 年要求税务机关退还，但追补扣除支出有两个重要条件，一是需要企业自查发现，二是追补扣除年限有规定。

1. 企业自查发现

企业必须通过自查发现其存在实际应纳税额超过应纳税额的情况，并自行向税务机关提出追补扣除的申请。

2. 追补年限

根据上述政策可以看出，企业追补扣除的年限为自结算缴纳税款之日起的后 3 年。

5.1.2　税收优惠政策的办理

税收优惠政策是我国企业合理合法减轻税负的主要法律依据，当企业满足税收优惠政策条件时，可以按照以下流程进行申报或备案。2018 年，国家税务总局为优化税收环境，有效落实企业所得税各项优惠政策，修订了《企业所得税优惠政策事项办理办法》。新修订的《企业所得税优惠政策事项办理办法》中明确规定如下。

第二条 本办法所称优惠事项是指企业所得税法规定的优惠事项，以及国务院和民族自治地方根据企业所得税法授权制定的企业所得税优惠事项。包括免税收入、减计收入、加计扣除、加速折旧、所得减免、抵扣应纳税所得额、减低税率、税额抵免等。

第三条 优惠事项的名称、政策概述、主要政策依据、主要留存备查资料、享受优惠时间、后续管理要求等，见本公告附件《企业所得税优惠事项管理目录（2017年版）》（以下简称《目录》）。

《目录》由税务总局编制、更新。

第四条 企业享受优惠事项采取"自行判别、申报享受、相关资料留存备查"的办理方式。企业应当根据经营情况以及相关税收规定自行判断是否符合优惠事项规定的条件，符合条件的可以按照《目录》列示的时间自行计算减免税额，并通过填报企业所得税纳税申报表享受税收优惠。同时，按照本办法的规定归集和留存相关资料备查。

第五条 本办法所称留存备查资料是指与企业享受优惠事项有关的合同、协议、凭证、证书、文件、账册、说明等资料。留存备查资料分为主要留存备查资料和其他留存备查资料两类。主要留存备查资料由企业按照《目录》列示的资料清单准备，其他留存备查资料由企业根据享受优惠事项情况自行补充准备。

第六条 企业享受优惠事项的，应当在完成年度汇算清缴后，将留存备查资料归集齐全并整理完成，以备税务机关核查。

第七条 企业同时享受多项优惠事项或者享受的优惠事项按照规定分项目进行核算的，应当按照优惠事项或者项目分别归集留存备查资料。

企业通过自查并对比各种税务优惠政策享受条件，认为自身符合减免税条件的，可以按照上述规定进行报批或备案。

5.1.3　资产损失税前扣除的办理

按照我国现行税法规定，企业经营生产过程中出现资产损失的，这部分损失可以在企业所得税缴纳之前进行税前扣除，为规范企业资产损失税前扣除申报流程，国家税务总局于 2011 年发布了《企业资产损失所得税税前扣除管理办法》，这项政策中规定了以下内容。

第二条　本办法所称资产是指企业拥有或者控制的、用于经营管理活动相关的资产，包括现金、银行存款、应收及预付款项（包括应收票据、各类垫款、企业之间往来款项）等货币性资产，存货、固定资产、无形资产、在建工程、生产性生物资产等非货币性资产，以及债权性投资和股权（权益）性投资。

第三条　准予在企业所得税税前扣除的资产损失，是指企业在实际处置、转让上述资产过程中发生的合理损失（以下简称实际资产损失），以及企业虽未实际处置、转让上述资产，但符合《通知》和本办法规定条件计算确认的损失（以下简称法定资产损失）。

第四条　企业实际资产损失，应当在其实际发生且会计上已作损失处理的年度申报扣除；法定资产损失，应当在企业向主管税务机关提供证据资料证明该项资产已符合法定资产损失确认条件，且会计上已作损失处理的年度申报扣除。

第五条　企业发生的资产损失，应按规定的程序和要求向主管税务机关申报后方能在税前扣除。未经申报的损失，不得在税前扣除。

第六条　企业以前年度发生的资产损失未能在当年税前扣除的，可以按照本办法的规定，向税务机关说明并进行专项申报扣除。其中，属于实际资产损失，准予追补至该项损失发生年度扣除，其追补确认期限一般不得超过五年，但因计划经济体制转轨过程中遗留的资产损失、企业重组上市过程中因权属不清出现争议而未能及时扣除的资产损失、因承担国家政策性任务而形成的资产损失以及政策定性不明确而形成资产损失等特殊原因形成的资产损失，其追补确认期限经国家税务总局批准后可适当延长。属于法定资产损失，应在申报年度扣除。

企业因以前年度实际资产损失未在税前扣除而多缴的企业所得税税款，可在追补确认年度企业所得税应纳税款中予以抵扣，不足抵扣的，向以后年度递延抵扣。

企业实际资产损失发生年度扣除追补确认的损失后出现亏损的，应先调整资产损失发生年度的亏损额，再按弥补亏损的原则计算以后年度多缴的企业所得税税款，并按前款办法进行税务处理。

《企业资产损失所得税税前扣除管理办法》中还对企业资产损失的申报管理进行了明确规定，具体规定如下。

第七条　企业在进行企业所得税年度汇算清缴申报时，可将资产损失申报材料和纳税资料作为企业所得税年度纳税申报表的附件一并向税务机关报送。

第八条　企业资产损失按其申报内容和要求的不同，分为清单申报和专项申报两种申报形式。其中，属于清单申报的资产损失，企业可按会计核算科目进行归类、汇总，然后再将汇总清单报送税务机关，有关会计核算资料和纳税资料留存备查；属于专项申报的资产损失，企业应逐项（或逐笔）报送申请报告，同时附送会计核算资料及其他相关的纳税资料。

企业在申报资产损失税前扣除过程中不符合上述要求的，税务机关应当要求其改正，企业拒绝改正的，税务机关有权不予受理。

第九条　下列资产损失，应以清单申报的方式向税务机关申报扣除：

（一）企业在正常经营管理活动中，按照公允价格销售、转让、变卖非货币资产的损失；

（二）企业各项存货发生的正常损耗；

（三）企业固定资产达到或超过使用年限而正常报废清理的损失；

（四）企业生产性生物资产达到或超过使用年限而正常死亡发生的资产损失；

（五）企业按照市场公平交易原则，通过各种交易场所、市场等买卖债券、股票、期货、基金以及金融衍生产品等发生的损失。

第十条　前条以外的资产损失，应以专项申报的方式向税务机关申报扣除。企业无法准确判别是否属于清单申报扣除的资产损失，可以采取专项申报的形式申报扣除。

第十一条　在中国境内跨地区经营的汇总纳税企业发生的资产损失，应按以下规定申报扣除：

（一）总机构及其分支机构发生的资产损失，除应按专项申报和清单申报的有关规定，各自向当地主管税务机关申报外，各分支机构同时还应上报总机构；

（二）总机构对各分支机构上报的资产损失，除税务机关另有规定外，应以清单申报的形式向当地主管税务机关进行申报；

（三）总机构将跨地区分支机构所属资产捆绑打包转让所发生的资产损失，由总机构向当地主管税务机关进行专项申报。

第十二条　企业因国务院决定事项形成的资产损失，应向国家税务总局提供有关资料。国家税务总局审核有关情况后，将损失情况通知相关税务机关。企业应按本办法的要求进行专项申报。

第十三条　属于专项申报的资产损失，企业因特殊原因不能在规定的时限内报送相关资料的，可以向主管税务机关提出申请，经主管税务机关同意后，可适当延期申报。

第十四条　企业应当建立健全资产损失内部核销管理制度，及时收集、整理、编制、审核、申报、保存资产损失税前扣除证据材料，方便税务机关检查。

第十五条　税务机关应按分项建档、分级管理的原则，建立企业资产损失税前扣除管理台账和纳税档案，及时进行评估。对资产损失金额较大或经评估后发现不符合资产损失税前扣除规定或存有疑点、异常情况的资产损失，应及时进行核查。对有证据证明申报扣除的资产损失不真实、不合法的，应依法作出税收处理。

企业申报资产损失税前扣除时可以根据上述政策对比自身情况是否符合申报条件，并按照政策中提出的申报流程、所需材料、注意事项进行税前扣除申报。

5.1.4　跨地区经营汇总纳税的办理

随着我国市场经济蓬勃发展，越来越多的企业开始跨地区经营。为规范我国企业跨地区纳税行为，为加强跨地区经营汇总纳税企业所得税的征收管理，国家税务总局于2012年发布了《跨地区经营汇总纳税企业所得税征收管理办法》。这项政策中有以下明确规定。

第二条　居民企业在中国境内跨地区（指跨省、自治区、直辖市和计划单列市，下同）设立不具有法人资格分支机构的，该居民企业为跨地区经营汇总纳税企业（以下简称汇总纳税企业），除另有规定外，其企业所得税征收管理适用本办法。

国有邮政企业（包括中国邮政集团公司及其控股公司和直属单位）、中国工商银行股份有限公司、中国农业银行股份有限公司、中国银行股份有限公司、国家开发银行股份有限公司、中国农业发展银行、中国进出口银行、中国投资有限责任公司、中国建设银行股份有限公司、中国建银投资有限责任公司、中国信达资产管理股份有限公司、中国石油天然气股份有限公司、中国石油化工股份有限公司、海洋石油天然气企业[包括中国海洋石油总公司、中海石油（中国）有限公司、中海油田服务股份有限公司、海洋石油工程股份有限公司]、中国长江电力股份有限公司等企业缴纳的企业所得税（包括滞纳金、罚款）为中央收入，全额上缴中央国库，其企业所得税征收管理不适用本办法。

铁路运输企业所得税征收管理不适用本办法。

第三条　汇总纳税企业实行"统一计算、分级管理、就地预缴、汇总清算、财政调库"的企业所得税征收管理办法：

（一）统一计算，是指总机构统一计算包括汇总纳税企业所属各个不具有法人资格分支机构在内的全部应纳税所得额、应纳税额。

（二）分级管理，是指总机构、分支机构所在地的主管税务机关都有对当地机构进行企业所得税管理的责任，总机构和分支机构应分别接受机构所在地主管税务机关的管理。

（三）就地预缴，是指总机构、分支机构应按本办法的规定，分月或分季分别向所在地主管税务机关申报预缴企业所得税。

（四）汇总清算，是指在年度终了后，总机构统一计算汇总纳税企业的年度应纳税所得额、应纳所得税额，抵减总机构、分支机构当年已就地分期预缴的企业所得税款后，多退少补。

（五）财政调库，是指财政部定期将缴入中央国库的汇总纳税企业所得税待分配收入，按照核定的系数调整至地方国库。

第四条　总机构和具有主体生产经营职能的二级分支机构，就地分摊缴纳企业所得税。

二级分支机构，是指汇总纳税企业依法设立并领取非法人营业执照（登记证书），且总机构对其财务、业务、人员等直接进行统一核算和管理的分支机构。

第五条　以下二级分支机构不就地分摊缴纳企业所得税:

（一）不具有主体生产经营职能，且在当地不缴纳增值税的产品售后服务、内部研发、仓储等汇总纳税企业内部辅助性的二级分支机构，不就地分摊缴纳企业所得税。

（二）上年度认定为小型微利企业的，其二级分支机构不就地分摊缴纳企业所得税。

（三）新设立的二级分支机构，设立当年不就地分摊缴纳企业所得税。

（四）当年撤销的二级分支机构，自办理注销税务登记之日所属企业所得税预缴期间起，不就地分摊缴纳企业所得税。

（五）汇总纳税企业在中国境外设立的不具有法人资格的二级分支机构，不就地分摊缴纳企业所得税。

企业在进行跨地区经营汇总纳税申报时可以参考这一政策进行具体操作，纳税操作人员尤其需要注意"统一计算、分级管理、就地预缴、汇总清算、财政调库"的纳税原则，根据这一原则进行跨地区经营汇总纳税申报，可以确保企业跨地区经营汇总纳税期间不出现纰漏，不面临税务机关的处罚。

5.1.5　境外所得抵免的办理

近年来，我国企业拓展国际市场的效果越发显著，企业取得的境外收入大幅增长。为确保我国企业发展的良好趋势，避免企业面临双重税负，国家税务总局于2021年发布了《"走出去"税收指引》，其中"企业境外所得税收抵免办理"部分对企业境外所得抵免申报进行了详细说明，企业可以根据这一政策清楚了解申报注意事项及办理手续。具体内容如下。

取得来源于境外的所得，应在办理企业所得税年度申报时按规定申报境外所得，抵免在境外缴纳的所得税额。

【适用主体】

取得境外所得的居民企业。

【政策规定】

1. 取得境外所得的纳税人应当在办理企业所得税年度申报时向主管税务机关填报：《境外所得税收抵免明细表》（A108000）、《境外所得纳税调整后所得明细表》（A108010）、《境外分支机构弥补亏损明细表》（A108020）、《跨年度结转抵免境外所得税明细表》（A108030）。

2. 取得境外所得的纳税人在年度汇算清缴期内，应向其主管税务机关提交如下书面资料：

（1）与境外所得相关的完税证明或纳税凭证（原件或复印件）。

（2）不同类型的境外所得申报税收抵免还需分别提供：

①取得境外分支机构的营业利润所得需提供境外分支机构会计报表；境外分支机构所得依照中国境内企业所得税法及实施条例的规定计算的应纳税额的计算过程及说明资料；具有资质的机构出具的有关分支机构审计报告等；

②取得境外股息、红利所得需提供集团组织架构图；被投资公司章程复印件；境外企业有权决定利润分配的机构作出的决定书等；

③取得境外利息、租金、特许权使用费、转让财产等所得需提供依照中国境内企业所得税法及实施条例规定计算的应纳税额的资料及计算过程；项目合同复印件等。

（3）申请享受税收饶让抵免的还需提供：

①本企业及其直接或间接控制的外国企业在境外所获免税及减税的依据及证明或有关审计报告披露该企业享受的优惠政策的复印件；

②企业在其直接或间接控制的外国企业的参股比例等情况的证明

复印件；

③间接抵免税额或者饶让抵免税额的计算过程；

④由本企业直接或间接控制的外国企业的财务会计资料。

（4）采用简易办法计算抵免限额的还需提供：

①取得境外分支机构的营业利润所得需提供企业申请及有关情况说明；来源国（地区）政府机关核发的具有纳税性质的凭证和证明复印件；

②取得符合境外税额间接抵免条件的股息所得需提供企业申请及有关情况说明；符合企业所得税法第二十四条条件的有关股权证明的文件或凭证复印件。

（5）主管税务机关要求提供的其他资料。

3. 以上提交备案资料使用非中文的，企业应同时提交中文译本复印件。

4. 上述资料已向税务机关提供的，可不再提供；上述资料若有变更的，须重新提供；复印件须注明与原件一致，译本须注明与原本无异议，并加盖企业公章。

5.1.6　企业重组时适用的特殊性税务处理

企业如发生重组业务，其纳税处理会出现两种情况，一种是纳税情况变动不大的一般性税务处理，还有一种则是需要尤其注意的特殊性税务处理。按照财政部和国家税务总局发布的《财政部　国家税务总局关于企业重组业务企业所得税处理若干问题的通知》规定，企业重组时符合下列条件的适用特殊性税务处理。

（一）具有合理的商业目的，且不以减少、免除或者推迟缴纳税款为主要目的。

（二）被收购、合并或分立部分的资产或股权比例符合本通知规定的比例。

（三）企业重组后的连续 12 个月内不改变重组资产原来的实质性经营活动。

（四）重组交易对价中涉及股权支付金额符合本通知规定比例。

（五）企业重组中取得股权支付的原主要股东，在重组后连续 12 个月内，不得转让所取得的股权。

企业重组满足上述条件后，重组各方对其交易中的股权支付部分可以按照以下规定进行税务处理。

企业债务重组确认的应纳税所得额占该企业当年应纳税所得额 50% 以上，可以在 5 个纳税年度的期间内，均匀计入各年度的应纳税所得额。

企业发生债权转股权业务，对债务清偿和股权投资两项业务暂不确认有关债务清偿所得或损失，股权投资的计税基础以原债权的计税基础确定。企业的其他相关所得税事项保持不变。

5.1.7 企业涉税风险自查报告

企业在完成涉税风险自查后，应及时提交涉税风险自查报告。下面是企业涉税风险自查报告范例。

国家税务总局 ×× 市税务局：

根据贵局 ×××× 年 ×× 月 ×× 日下发的《税务检查通知书》（国

税稽告字〔20××〕001号）的相关要求，我公司成立了专门的自查工作小组，并积极组织相关财务人员认真学习。

在自查中，我公司采取了内部自查并聘请税务师事务所专业团队协助的方式，于××××年××月××日至××日，进行了企业所得税自查。现将自查结果汇报如下。

1. 自查工作范围

在本次自查中，我公司主要针对××××—××××年度企业所得税缴纳情况进行检查。

2. 自查工作原则

我公司主要遵循以下原则开展自查工作。

（1）充分重视，认真负责。我公司严格按照国家税收的相关法律法规、文件精神，对公司××××—××××年度经营所涉及的各类税种进行彻底清查，确保不错、不疏、不漏。

（2）把握契机，自查自纠。为了确保认真自查，及时化解税务风险，我公司结合实际情况，对公司内部进行深入全面的税务检查，对违法及不规范的涉税事项加以清理。公司以此为契机，努力加强各部门税务基础管理工作，提高整体税务工作管理水平。

3. 自查结果

通过为期一周的自查工作，我公司××××—××××年度的税务情况已符合国家税收及会计的相关法律法规规定，依法申报缴纳了各项税费。

由于工作经验不足，在实际纳税过程中，我公司难免存在疏漏。通过自查发现的问题，主要体现在对权责发生制原则的重视度不够，如未能按年分摊所属费用、购买无形资产直接费用化、无须支付的应付款项未计入应纳税所得额等。这些问题已全部予以整改。

通过此次自查，我公司××××—××××年度应补缴的企业

所得税为 ×× 元，其中，×××× 年应补缴企业所得税 ×× 元，×××× 年应补缴企业所得税 ×× 元。具体情况如下。

（1）×××× 年度。该年度内，我公司所得税问题主要集中在未能按权责发生制原则按年分摊所属费用，导致申报缴纳企业所得税时，少调增应纳税所得额 ×× 元，应补缴企业所得税 ×× 元。

（2）×××× 年度。该年度内，我公司所得税自查问题主要反映在购买无形资产直接费用化、无须支付的应付款项未计入应纳税所得额等方面。这些问题导致我公司在申报缴纳企业所得税时，合计少调增应纳税所得额 ×× 元，应补缴企业所得税约为 ×× 元。

①购买无形资产直接费用化问题。本公司于 ×××× 年 ×× 月购入 ×× 财务软件，价格为 ×× 元，直接计入了当期费用。根据规定，应将该无形资产分期摊销，调增应纳税所得额 ×× 元。

②无须支付的应付款项未计入应纳税所得额问题。我公司无须支付的应付款项为 ×××× 年应付 ×× 软件公司 ×× 元。由于该软件公司已被合并，且未催收该笔款项，根据规定，应调增应纳税所得额 ×× 元。

每年 3 月开始，税务机关会要求上一年度税负存在异常的企业开展自查，如果企业在异常名单中，就很可能被要求自查。然而，什么样的税负才算异常呢？这并没有具体标准。

企业实际经营中，若管理者非法减轻税负，便会导致企业进入自查名单，一旦被要求自查，企业就会面临补税甚至加收滞纳金的压力。因此，企业应进行合法的纳税筹划。

尽管自查意味着企业可能会补税，但它是企业自主纠错的机会。如果自查无法通过，企业就会面临税务稽查。为此，企业应当在自查环节中注意以下事项。

1. 重视税务检查、自查

企业要充分重视税务检查、自查，尤其应衡量自身在当地所处的地位，例如是不是纳税重点企业、是不是行业领先者等。如果是，企业就很可能成为税务检查、自查的重点对象。

2. 检查财务报表

企业应对在财务报表中体现的税款进行自查。这是因为税务检查中，税务机关关注的重点内容之一便是企业财务报表，因其能反映企业是否存在税务问题，所以企业自查时必须重点关注财务报表。

3. 对照自查提纲进行审查

自查提纲是税务机关向企业提供的自查工具。提纲内容是税务机关根据历年检查相关行业所发现的税务问题所总结出的具有代表性的问题，能指导企业进行税务自查。

但是，企业在自查时，又不能只自查提纲提及的内容。企业应在自查提纲的基础上，结合自身实际情况进行自查，从而最大限度地避免疏漏。在提交涉税风险自查报告前，企业应积极和税务机关进行沟通，在其指导下重新梳理涉税风险自查报告，避免产生新的遗漏。

总之，企业的涉税风险自查应严格按照税法规定，对全部生产经营活动进行全面检查。自查内容应涵盖与企业生产经营相关的全部税种，以确保万无一失。

在必要情况下，企业进行涉税风险自查后应形成自查总结。下面是涉税风险自查总结模板。

涉税风险自查总结

我公司是于20××年在××省××市登记注册的有限责任公司，属于××行业，经营范围为××××的生产与销售。经营地址为×××××，注册资金为×××万元，法定代表人为×××。

我公司于 20××年正式生产运营，设有供应、生产、物流、营销、财务等部门，遵循企业会计核算方法，设置总账、明细账等，目前使用金蝶软件，我公司纳税申报按照要求统一进行网上申报，各年度申报的税（费）种有增值税、城市维护建设税、房产税、教育费附加、个人所得税等，均为自行申报，没有聘请税务等代理机构。我公司每年都聘请某税务师事务所的人员对公司所得税汇算清缴、年度审计工作进行核实检查并出具报告，现将我公司的自查情况汇报如下。

我公司用于抵扣进项税额的增值税专用发票是真实合法的，没有将开票单位与收款单位不一致或票面所记载货物与实际入库货物不一致的发票用于抵扣的情形。

用于抵扣进项税额的运费发票是真实合法的，没有以与购进和销售货物无关的运费申报抵扣进项税额；没有以购进固定资产发生的运费或销售免纳增值税的固定资产发生的运费抵扣进项税额；没有以国际货物运输代理业务发票和国际货物运输发票抵扣进项税额；不存在以开票方与承运方不一致的运输发票抵扣进项税额；不存在以项目填写不齐全的运输发票抵扣进项税额等情况。

我公司取得的增值税普通发票等，已经在国家税务总局全国增值税发票查验平台查询，查询信息与票面均一致。

不存在购进房屋建筑类固定资产申报抵扣进项税额的情况。

不存在购进材料、电、汽等货物用于在建工程、集体福利等非应税项目而未按规定转出进项税额的情况。

发生退货或取得折让已按规定做进项税额转出。

用于非应税项目和免税项目、非正常损失的货物按照规定做进项税额转出。

销售收入完整、入账及时，不存在以货易货交易未计收入的情况；不存在以货抵债交易未计收入的情况；不存在销售产品不开发票，取得的收入不按规定入账的情况；不存在销售收入长期挂账不转收入的情况。

不存在视同销售行为未按规定计提销项税额的情况。

不存在开具不符合规定的红字发票冲减应税收入的情况，发生销货退回、销售折扣或折让，开具的红字发票和账务处理符合税法规定。

营业收入完整、入账及时；现金收入按规定入账；给客户开具发票，相应的收入按规定入账。按相关法规规定的时间确认收入，准时完成纳税义务。

不存在各种减免流转税及各项补贴、奖励未按规定计入应纳税所得额的情况。

不存在利用虚开发票或虚列人工费等虚增成本、使用不符合税法规定的发票及凭证，以及在成本费用中一次性列支达到固定资产标准的物品未做纳税调整的情况；不存在达到无形资产标准的管理系统软件，在销售费用中一次性列支，未进行纳税调整的情况。

不存在计提的职工福利费、工会经费和职工教育经费超过计税标准，未进行纳税调整的情况；不存在计提的基本养老保险、基本医疗保险、失业保险和住房公积金超过计税标准，未进行纳税调整的情况；不存在计提的补充养老保险、补充医疗保险、年金等超过计税标准，未进行纳税调整的情况。

不存在擅自改变成本计价方法，以调节账面利润的情况。

不存在超标准计提固定资产折旧和无形资产摊销的情况；计提折旧时固定资产残值率低于税法规定的残值率或电子类设备折旧年限与税法规定有差异的，已进行了纳税调整；计提固定资产折旧和无形资产摊销年限与税法规定有差异的部分，已进行了纳税调整。

不存在超标准列支业务宣传费、业务招待费和广告费，擅自扩大技术开发费用的列支范围，以享受税收优惠的情况。

公司以各种形式向职工发放的工资薪金已依法扣缴个人所得税。

基于上述总结，我公司已在税收专项检查纳税自查中，及时、准确地完成了自查工作。

××××× 公司

20×× 年 ×× 月

5.2　企业所得税税前扣除明细及纳税调整的自查

　　根据我国现行企业所得税法规定，企业实际发生的与收入有关的、合理的支出，准予在计算应纳税所得额时扣除。这一政策是企业减轻税负的主要依据，也是税务机关稽查、企业自查的重点。下面针对企业所得税税前扣除的各项内容及纳税调整进行介绍。

5.2.1　成本和费用

　　根据我国现行企业所得税法规定，成本和费用是准予税前扣除的企业主要支出，目前企业出现的税务风险中有很大一部分是因为对成本和费用的税前扣除不规范。

　　准予企业税前扣除的成本是指在企业生产经营过程中发生的商品销售成本、劳务成本、业务支出、建造合同成本以及其他未收入发生的支出。企业在成本税前扣除中主要存在的问题已经在本书 4.5 小节中讲述，不再重复。

5.2.2　工资薪金支出

　　员工工资薪金是企业缴纳所得税之前准予扣除的一项主要支出，企业对这项税前准予扣除的支出进行自查时需要注意以下四个方面。

1. 工资薪金支出凭证

企业需要对员工的名单、考勤、薪资明细进行详细审查，主要审核企业工资薪金的发放情况与银行代发数据凭证的一致性。

2. 员工薪资标准

我国税务部门对企业员工的薪资标准一直采取着重稽查态度，所以企业需要结合自身规模、员工数量进行薪资标准的自查，同时对企业薪资相关的原始凭证等进行详细核查。

3. 账实情况

企业应付职工薪酬与实际支付给员工的工资数额的情况需要企业详细自查。

4. 三方数据

除工资薪金数据，企业还需要核查工资表与员工社会保险数据之间是否存在异常。

5.2.3 税金

准予在企业所得税缴纳之前扣除的税金是指企业经营生产过程中发生的除企业所得税和增值税之外的各项税金及附加。企业对这项支出进行自查时需要注意以下三个问题。

（1）是否将应资本化的税金税前扣除。

（2）是否将补提、补缴的以前年度税金税前扣除。

（3）是否将企业所得税额和应由个人负担的个人所得税额进行税前扣除。

5.2.4 借款费用

准予在企业所得税缴纳之前扣除的借款费用是指企业经营生产过程中，因借款而发生的各种合理支出。其主要包括因借款发生的利息支出、因发行债券发生的利息支出及其折价或溢价摊销、因外币借款而发生的汇兑差额，以及手续费、佣金、印刷费、承诺费等辅助费用。

企业在借款费用支出的自查中需要注意以下三点。

（1）企业自行研制开发无形资产发生的利息费用，是否已按技术开发费在"管理费用"账户归集。

（2）企业发生的长期借款费用，除购置固定资产、对外投资而发生的长期借款费用，是否计入开办费。

（3）房地产开发企业为开发房地产发生的长期借款，在房地产完工前，是否计入有关房地产开发成本。

5.2.5　研发费用加计扣除

近年来，我国税务部门为鼓励企业加大研发投入出台了一系列研发费用加计扣除的新政策，这些政策为很多企业减轻了税负。企业在研发费用加计扣除的自查中需要着重审查以下五个方面。

（1）是否存在虚列人工费用。

（2）是否存在将福利津贴费用列支为人工费用。

（3）是否正确划分费用。

（4）固定资产折旧情况。

（5）其他费用的核算情况。

5.2.6　公益性捐赠

《中华人民共和国企业所得税法实施条例》中明确规定，企业通过公益性社会组织或者县级以上人民政府及其部门，用于符合法律法规的慈善活动、公益事业的捐赠支出，不超过年度利润总额的 12% 的部分，准予扣除。

企业在自查公益性捐赠的所得税税前扣除时，需要重点审查捐赠成本的列支情况，一旦被税务机关发现多列费用，则需要面临严重的处罚。

5.2.7 政府性基金和行政事业性收费

2002 年，我国财政部发布了《行政事业性收费和政府性基金年度稽查暂行办法》，这项政策中有以下明确规定。

第六条 行政事业性收费和政府性基金项目的稽查内容，包括：

（一）行政事业性收费项目。

1. 是否按照规定程序报经国务院和省、自治区、直辖市人民政府批准，或者报经国务院和省、自治区、直辖市人民政府财政和价格部门批准；

2. 是否按照规定程序将专门面向企业的行政事业性收费项目报经省、自治区、直辖市人民政府批准，并征得国务院财政和价格部门同意；

3. 是否未经国务院和省、自治区、直辖市人民政府批准，或者未经国务院和省、自治区、直辖市人民政府财政和价格部门批准，擅自将行政事业性收费项目转为经营服务性收费；

4. 是否继续征收或变换名称征收国家已明令发布取消的行政事业性收费项目；

5. 是否擅自设立行政事业性收费项目、扩大征收范围或改变征收对象；

6. 是否超过规定期限征收行政事业性收费；

7. 同级人民政府财政部门认为需要稽查的涉及行政事业性收费项目的其他事项。

（二）政府性基金项目。

1. 是否按照规定程序报经国务院或其财政部门批准；

2. 是否未经国务院或其财政部门批准，擅自将政府性基金转为行政事业性收费；

3.是否继续征收或变换名称征收国家已明令公布取消的政府性基金项目；

4.是否擅自设立政府性基金项目、扩大征收范围或改变征收对象；

5.是否超过规定期限征收政府性基金；

6.同级人民政府财政部门认为需要稽查的涉及政府性基金项目的其他事项。

第七条　行政事业性收费和政府性基金征收标准的稽查内容，包括：

（一）行政事业性收费。

1.是否按照规定程序报经国务院和省、自治区、直辖市人民政府批准，或者报经国务院和省、自治区、直辖市人民政府价格和财政部门批准；

2.是否按照规定程序将专门面向企业的行政事业性收费标准报经省、自治区、直辖市人民政府批准，并征得国务院价格和财政部门同意；

3.是否执行国家已明令降低的收费标准；

4.是否擅自提高收费标准；

5.同级人民政府财政部门认为需要稽查的涉及行政事业性收费标准的其他事项。

（二）政府性基金。

1.是否按照规定程序报经国务院或其财政部门批准；

2.是否执行国家已明令降低的征收标准；

3.是否擅自提高征收标准；

4.同级人民政府财政部门认为需要稽查的涉及政府性基金征收标准的其他事项。

第八条　行政事业性收费和政府性基金票据的稽查内容，包括：

（一）是否按照规定领取财政部门颁发的《票据购领证》；

（二）是否按照规定购领、使用国务院财政部门或省、自治区、直辖市财政部门统一印（监）制的行政事业性收费和政府性基金票据；

（三）是否按照规定建立行政事业性收费和政府性基金票据管理制度，并由专人负责管理票据；

（四）同级人民政府财政部门认为需要稽查的涉及行政事业性收费和政府性基金票据管理的其他事项。

第九条　行政事业性收费和政府性基金收支管理稽查内容，包括：

（一）是否按照规定由部门或单位财务统一管理行政事业性收费和政府性基金收入和支出；

（二）是否按照规定开设银行账户；

（三）是否按照规定实行"单位开票、银行代收，财政统管"；

（四）是否按照规定及时、足额地将行政事业性收费和政府性基金收入缴入财政专户或国库；

（五）是否按照规定将行政事业性收费和政府性基金收支纳入部门或单位预算和决算的编制范围；

（六）是否按照批准的预算安排和使用行政事业性收费和政府性基金；

（七）同级人民政府财政部门认为需要稽查的涉及行政事业性收费和政府性基金收支管理的其他事项。

5.2.8　母子公司费用支付

2008 年，国家税务总局发布了《国家税务总局关于母子公司间提供服务支付费用有关企业所得税处理问题的通知》（国税发〔2008〕86 号），这项规定对母子公司间提供服务支付费用有关企业所得税的征收问题进行了明确解释。具体解释内容如下。

（1）母公司为其子公司提供各种服务而发生的费用，应按照独立企业之间公平交易原则确定服务的价格，作为企业正常的劳务费用进行税务处理。如未按照规定处理，税务机关有权予以调整。

（2）母公司向其子公司提供各项服务，应签订服务合同或协议，明确提供服务的内容、收费标准及金额等，凡按上述合同或协议规定所发生的服务费，母公司应作为营业收入申报纳税，而子公司作为成本费用在税前扣除。

（3）母公司向其多个子公司提供同类服务时，收费可以采取分项签订合同或协议收取；也可以采取服务分摊协议的方式，即由母公司与各子公司签订服务费用分摊合同或协议，以母公司为其子公司提供服务所发生的实际费用并附加一定比例利润作为向子公司收取的总服务费，在各服务受益的子公司（包括盈利企业、亏损企业和享受减免税企业）之间应按《中华人民共和国企业所得税法》第四十一条第二款规定合理分摊。

（4）母公司以管理费形式向子公司提取费用，子公司因此产生的费用不得在税前扣除。

（5）子公司在申报税前扣除向母公司支付的服务费用时，应向主管税务机关提供与母公司签订的服务合同或协议等和与税前扣除该项费用相关的材料。不能提供相关材料的，支付的服务费用不得税前扣除。

根据上述规定，企业可以明确母子公司费用支付准予在企业所得税缴纳前扣除、调整的各种情况，这些情况也是税务机关稽查、企业自查的重点。

5.2.9　不得税前扣除的项目

《中华人民共和国企业所得税法》中明确提出了不得税前扣除的项目，具体项目如下。

第十条 在计算应纳税所得额时，下列支出不得扣除：

（一）向投资者支付的股息、红利等权益性投资收益款项；

（二）企业所得税税款；

（三）税款滞纳金；

（四）罚金、罚款和被没收财物的损失；

（五）本法第九条规定以外的捐赠支出；

（六）赞助支出；

（七）未经核定的准备金支出；

（八）与取得收入无关的其他支出。

根据上述规定，企业应对不得税前扣除的项目进行自查。

5.2.10 税前扣除凭证特殊事项

2018 年，国家税务总局为加强企业所得税税前扣除凭证管理，规范税收执法，优化营商环境，发布了《企业所得税税前扣除凭证管理办法》，这项规定中有以下相关内容。

第八条 税前扣除凭证按照来源分为内部凭证和外部凭证。

内部凭证是指企业自制用于成本、费用、损失和其他支出核算的会计原始凭证。内部凭证的填制和使用应当符合国家会计法律、法规等相关规定。

外部凭证是指企业发生经营活动和其他事项时，从其他单位、个人取得的用于证明其支出发生的凭证，包括但不限于发票（包括纸质发票和电子发票）、财政票据、完税凭证、收款凭证、分割单等。

企业可以根据这项规定自查税前扣除凭证是否符合规定。另外，《企业所得税税前扣除凭证管理办法》还提到以下内容。

第十四条　企业在补开、换开发票、其他外部凭证过程中，因对方注销、撤销、依法被吊销营业执照、被税务机关认定为非正常户等特殊原因无法补开、换开发票、其他外部凭证的，可凭以下资料证实支出真实性后，其支出允许税前扣除：

（一）无法补开、换开发票、其他外部凭证原因的证明资料（包括工商注销、机构撤销、列入非正常经营户、破产公告等证明资料）；

（二）相关业务活动的合同或者协议；

（三）采用非现金方式支付的付款凭证；

（四）货物运输的证明资料；

（五）货物入库、出库内部凭证；

（六）企业会计核算记录以及其他资料。

前款第一项至第三项为必备资料。

这些特殊事项也是企业自查的关键。

5.2.11　税前扣除事项实务及误区讲解

截至 2023 年，我国依然有大量企业（以中小企业为主）对企业所得税税前扣除事项的理解存在误区。这导致很多企业无法充分享受企业所得税税前扣除政策，导致企业税负长期处于不合理状态。

按照现行企业所得税法规定，准予税前扣除的主要事项以及企业自查重点，前文已经进行了详细说明。下面就企业所得税税前扣除事项常见的几个误区进行详细讲解。

误区 1：企业生产经营小额零星支出，不足 500 元的可以不需要发票进行税前扣除。

按照我国现行税法规定，企业生产经营期间产生的零星支出，不足 500 元的确可以不需要发票进行税前扣除，但这项规定有两个前提条件：一是这些支出仅限于支付给个人；二是对固定业户按月适用起征点，自然人按次适用起征点。只有满足这两个条件的 500 元以下零星支出才能够不需要发票进行税前扣除。

误区 2：只要有发票，企业的一切费用都可以税前扣除。

目前我国税务部门为企业提供了许多税前扣除选择，但税前扣除不能根据发票而定，而应该以我国现行税法政策规定为准。另外，符合企业所得税税前扣除条件，但发票开具不规范的，也不能进行税前扣除。

误区 3：差旅费补贴必须提供相关发票才能扣除。

企业差旅费补贴和差旅费是两个概念，差旅费补贴是根据企业合理差旅补贴制度，及相关真实证明、合法凭证进行税前扣除的支出，这项支出的税前扣除与发票无直接关系。

误区 4：发票开具名称必须为企业，个人抬头的发票无法税前扣除。

在企业经营范围内个人抬头的发票如属于真实、合法、有效的凭证，同时与企业取得收入有关的，都可以在税前扣除。比如员工出差的车票，虽然是个人抬头的发票，同样可以进行税前扣除。

5.2.12 资产损失所得税税前扣除

2011 年，国家税务总局发布了《企业资产损失所得税税前扣除管理办法》，这项政策对企业资产损失所得税税前扣除情况进行了详细说明。

第二条 本办法所称资产是指企业拥有或者控制的、用于经营管理活动相关的资产，包括现金、银行存款、应收及预付款项（包括应收票据、各类垫款、企业之间往来款项）等货币性资产，存货、固定资产、无形资产、在建工程、生产性生物资产等非货币性资产，以及债权性投资和股权（权益）性投资。

第三条　准予在企业所得税税前扣除的资产损失，是指企业在实际处置、转让上述资产过程中发生的合理损失（以下简称实际资产损失），以及企业虽未实际处置、转让上述资产，但符合《通知》①和本办法规定条件计算确认的损失（以下简称法定资产损失）。

第四条　企业实际资产损失，应当在其实际发生且会计上已作损失处理的年度申报扣除；法定资产损失，应当在企业向主管税务机关提供证据资料证明该项资产已符合法定资产损失确认条件，且会计上已作损失处理的年度申报扣除。

第五条　企业发生的资产损失，应按规定的程序和要求向主管税务机关申报后方能在税前扣除。未经申报的损失，不得在税前扣除。

第六条　企业以前年度发生的资产损失未能在当年税前扣除的，可以按照本办法的规定，向税务机关说明并进行专项申报扣除。其中，属于实际资产损失，准予追补至该项损失发生年度扣除，其追补确认期限一般不得超过五年，但因计划经济体制转轨过程中遗留的资产损失、企业重组上市过程中因权属不清出现争议而未能及时扣除的资产损失、因承担国家政策性任务而形成的资产损失以及政策定性不明确而形成资产损失等特殊原因形成的资产损失，其追补确认期限经国家税务总局批准后可适当延长。属于法定资产损失，应在申报年度扣除。

企业因以前年度实际资产损失未在税前扣除而多缴的企业所得税税款，可在追补确认年度企业所得税应纳税款中予以抵扣，不足抵扣的，向以后年度递延抵扣。

企业实际资产损失发生年度扣除追补确认的损失后出现亏损的，应

---

① 《通知》指《财政部 国家税务总局关于企业资产损失税前扣除政策的通知》。

先调整资产损失发生年度的亏损额，再按弥补亏损的原则计算以后年度多缴的企业所得税税款，并按前款办法进行税务处理。

企业进行资产损失所得税税前扣除自查时，需要根据上述政策详细对比自身扣除条件的合规性。

5.3 企业接受税务稽查

税务稽查是所有企业都需要面对且必须做好准备的一项工作。企业虽然无法避免税务部门对自己进行税务稽查，但可以通过税务稽查预防方法降低被稽查的概率，同时降低税务风险，这需要企业对以下内容进行详细了解。

5.3.1 税务稽查的重点行业

以下为税务稽查的重点行业。

（1）电商行业。

（2）建筑行业。

（3）外贸行业。

（4）劳务派遣行业。

（5）医疗美容行业。

（6）直播、文娱行业。

（7）高新技术行业等。

5.3.2　税务稽查的重点内容

（1）用于非增值税应税项目、免征增值税项目、集体福利和个人消费、非正常损失的货物（劳务）、非正常损失的在产品和产成品所耗用的购进货物（劳务）是否按规定进行进项税额转出。

（2）是否存在将返利挂入其他应付款、其他应收款等往来账或冲减销售费用，而不进行进项税额转出的情况。

（3）向购货方收取的各种价外费用（如手续费、补贴、集资费、返还利润、奖励费、违约金、运输装卸费等）是否按规定纳税。

（4）是否存在利用虚开发票或虚列人工费等虚增成本的情况，是否存在使用不符合税法规定的发票及凭证列支成本费用的情况。

（5）是否存在将资本性支出一次性计入成本费用的情况：在成本费用中一次性列支达到固定资产确认标准的物品未进行纳税调整；达到无形资产确认标准的管理系统软件，在销售费用中一次性列支，未进行纳税调整。

（6）企业发生的工资薪金支出是否符合税法规定的工资薪金范围、是否符合合理性原则、是否在申报扣除年度实际发放。

（7）增加实收资本和资本公积后是否补缴印花税。

（8）是否存在与房屋不可分割的附属设施未计入房产原值缴纳房产税的情况，土地价值是否计入房产原值缴纳房产税，以及无租使用房产是否按规定缴纳房产税。

（9）是否存在超标准列支业务招待费、广告费和业务宣传费未进行纳税调整等问题。

（10）是否存在未按税法规定年限计提折旧、随意变更固定资产净残值和折旧年限、不按税法规定折旧方法计提折旧等问题。

（11）是否存在擅自改变成本计价方法，调节利润等问题。

（12）是否存在计提的职工福利费、工会经费和职工教育经费超过计税标准，未进行纳税调整等情况。

（13）是否存在超标准、超范围为职工支付社会保险费和住房公积金，未进行纳税调整等问题；是否存在应由基建工程、专项工程承担的社会保险等费用未予资本化等问题；是否存在只提不缴、多提少缴虚列成本费用等问题。

（14）是否存在视同销售行为未进行纳税调整等问题。

（15）是否存在利用往来账户等延迟实现应税收入等情况。

5.3.3　税务稽查的重点对象

1.　虚开发票和接受虚开发票重点检查对象

（1）代开发票规模异常企业，即"营改增"后代开发票金额超过一定金额（如超过一般纳税人标准）的企业，特别是明显超过"营改增"前经营规模的企业。

（2）自开发票金额异常企业，即长期零申报或非正常企业"营改增"后销售额变动异常，在短期内开票金额巨大。

（3）接受代开发票金额异常企业，即接受代开发票规模超过一定标准的企业。

（4）代开的劳务派遣费金额巨大并超过增值税一般纳税人标准的大学、人才服务公司、投资公司、各类技术服务部等。

（5）收入成本配比异常的房地产企业，即成本占收入的比重超同行业同类企业比重较多的房地产企业。

（6）住宿餐饮费比例明显超同期或入住率明显异常的酒店（饭店）。

（7）接受发票金额异常的保险企业。

2.　未按规定开具发票重点检查对象

（1）销售货物、劳务、服务、无形资产或不动产，以各种理由拒绝开票的企业。

（2）违反规定要求购买方额外提供证件、证明等导致开票难的企业。

（3）存在随意变更品名等错开发票行为的企业。

（4）开具增值税电子普通发票，购买方当场索取纸质普通发票，未按规定提供的企业。

5.3.4　视同销售、进项税额转出稽查案例解析

案例 1

A 公司为增值税一般纳税人，2021 年 2 月，其向 B 公司购入原材料一批，取得价款为 50 000 元、增值税税额为 6 500 元的增值税专用发票，材料已验收入库。后因 B 公司突发意外而被注销工商登记，该款项无须支付。

问题：应付不付的款项必须进行进项税额转出吗？如果材料被折价销售呢？

根据《中华人民共和国增值税暂行条例》第十条规定，当纳税人购进的货物或接受的应税劳务不是用于增值税应税项目，而是用于非应税项目、免税项目或用于集体福利、个人消费等情况时，其支付的进项税额就不能从销项税额中抵扣。还有善意取得假发票的，需要进行进项税额转出。需要进行进项税额转出的项目都是明确的，即使税务机关认为企业应付不付的款项必须进行进项税额转出，但若没有明文依据，只要交易是真实的，企业就可以不进行进项税额转出。

假设由于行业的问题，企业将价值 1 万元的材料以 800 元甩卖，获得收入 800 元。那么，根据《国家税务总局关于企业改制中资产评估减值发生的流动资产损失进项税额抵扣问题的批复》（国税函〔2002〕1103 号）的规定，对于企业由于资产评估减值而发生流动资产损失，如果流动资产未丢失或损坏，只是由于市场发生变化，价格降低，价值量减少，则不属于《中华人民共和国增值税暂行条例实施细则》中规定的非正常损失，不进行进项税额转出处理。

案例 2

A公司将自产成本为1 000元的产品对外投资，公允价值为2 000元。由于货物的所有权发生转移，会计上应当按照公允价值确认损益，这与增值税暂行条例的规定一致。确认投资时，账务处理如下。

借：长期股权投资　　　　　　　　　　　　　2 260

　　贷：主营业务收入　　　　　　　　　　　2 000

　　　　应交税费——应交增值税（销项税额）　260

结转成本时，账务处理如下。

借：主营业务成本　　　　　　　　　　　　　1 000

　　贷：库存商品　　　　　　　　　　　　　1 000

5.3.5　汇算清缴的检查流程和检查方法

1. 检查流程

首先，将企业填写的年度企业所得税纳税申报表及附表，与企业的利润表、总账、明细账进行核对，审核账、账表。

其次，针对企业纳税申报表主表中"纳税调整事项明细表"进行重点审核，根据其所涉及的会计科目逐项进行。

最后，将审核结果与委托方交换意见，根据交换意见的结果决定出具何种报告，是年度企业所得税汇算清缴鉴证报告还是咨询报告。若是鉴证报告，其报告意见类型可分为无保留意见鉴证报告、保留意见鉴证报告、否定意见鉴证报告和无法表明意见鉴证报告。

2. 检查方法

（1）收入：核查企业收入是否全部入账，特别是往来款项是否存在该确认为收入而没有入账的情况。

（2）成本：核查企业成本结转与收入是否匹配，是否真实反映企业成本水平。

（3）费用：核查企业费用支出是否符合相关税法规定，计提费用项目和税前列支项目是否超过税法规定标准。

（4）税款：核查企业各项税款是否正确提取并缴纳。

（5）补亏：用企业当年实现的利润对以前年度（5年内）发生亏损进行合法弥补。

（6）调整：对以上项目按税法规定分别进行调增和调减后，依法计算本企业年度应纳税所得额，从而计算并缴纳本年度实际应当缴纳的所得税税额。所得税汇算清缴所说的纳税调整，是调表不调账的，在会计方面不进行任何业务处理，而只是在纳税申报表上进行调整，影响的只是企业应纳所得税，不影响企业的税前利润。

（7）数据比对，综合分析：税务稽查人员应利用金税三期、增值税发票管理新系统等进行数据比对、综合分析。

5.3.6　企业所得税重点风险分析指标诠释

1. 主营业务收入变动率与主营业务利润变动率配比分析

正常情况下，主营业务收入变动率与主营业务利润变动率基本同步增长。

（1）当二者比值 <1 且相差较大，都为负数时，可能存在企业多列成本费用、扩大税前扣除范围等问题。

（2）当二者比值 >1 且相差较大，都为正数时，可能存在企业多列成本费用、扩大税前扣除范围等问题。

（3）当二者比值为负数，且前者为正数、后者为负数时，可能存在企业多列成本费用、扩大税前扣除范围等问题。

2. 主营业务收入变动率与主营业务成本变动率配比分析

正常情况下，主营业务收入变动率与主营业务成本变动率基本同步增长，比值接近1。

（1）当二者比值 <1 且相差较大，都为负数时，可能存在企业多列成本费用、扩大税前扣除范围等问题。

（2）当二者比值 >1 且相差较大，都为正数时，可能存在企业多列成本费用、扩大税前扣除范围等问题。

（3）当二者比值为负数，且前者为正数、后者为负数时，可能存在企业多列成本费用、扩大税前扣除范围等问题。

3. 主营业务收入变动率与主营业务费用变动率配比分析

正常情况下，主营业务收入变动率与主营业务费用变动率基本同步增长。

（1）当二者比值 <1 且相差较大，都为负数时，可能存在企业多列成本费用、扩大税前扣除范围等问题。

（2）当二者比值 >1 且相差较大，都为正数时，可能存在企业多列成本费用、扩大税前扣除范围等问题。

（3）当二者比值为负数，且前者为正数、后者为负数时，可能存在企业多列成本费用、扩大税前扣除范围等问题。

4. 主营业务成本变动率与主营业务利润变动率配比分析

（1）当二者比值大于1，都为正数时，可能存在企业多列成本等问题。

（2）当前者为正数、后者为负数时，视为异常，可能存在企业多列成本费用、扩大税前扣除范围等问题。

5. 总资产周转率、销售利润率、资产利润率配比分析

如本期总资产周转率－上年同期总资产周转率 >0，本期销售利润率－上年同期销售利润率 ≤ 0，而本期资产利润率－上年同期资产利润率 ≤ 0 时，说明本期的资产使用效率提高，但收益不足以抵补销售利润率下降造成的损失，

可能存在企业隐匿销售收入、多列成本费用等问题。

5.3.7　关联延伸的其他税种风险分析指标诠释

1. 第一个税种：城市维护建设税

（1）纳税人。

城市维护建设税的纳税人，是指负有缴纳"两税"（增值税、消费税）义务的单位和个人。

（2）税率。

①纳税人所在地为市区的，税率为7%；所在地为县城、镇的，税率为5%；所在地不在市区、县城或者镇的，税率为1%。

②由受托方代征代扣"两税"的单位和个人，其代征代扣的城市维护建设税按照受托方所在地适用税率。

（3）计税依据。

城市维护建设税以增值税和消费税的税额为计税依据并与增值税和消费税同时征收，需要注意以下几种情况。

①对纳税人违反"两税"有关规定而加收的滞纳金和罚款，不作为城市维护建设税的计税依据。

②对纳税人查补的"两税"和被处以罚款时，应同时对其偷漏的城市维护建设税进行补税和罚款。

③对于免征或者减征"两税"的，也要同时免征或者减征城市维护建设税。

④对出口产品退还增值税、消费税的，不退还已缴纳的城市维护建设税。

⑤实行免抵退税办法的生产企业出口货物，经国家税务总局正式审核批准的当期免抵的增值税税额应纳入城市维护建设税的计征范围，分别按规定的税率缴纳城市维护建设税。

（4）税收优惠政策。

①城市维护建设税随同"两税"的减免而减免。

②对因减免税而需进行"两税"退库的，城市维护建设税也同时退库。

③海关对进口产品代征的增值税、消费税，不征收城市维护建设税。

2. 第二个税种：土地增值税

（1）纳税人。

转让国有土地使用权、地上建筑物及附着物并取得收入的单位和个人，为土地增值税纳税人。

（2）征税范围。

具体而言，是否需要缴税，看以下几个方面。

①使用权是否为国家所有。土地权属必须是国有土地使用权，而集体土地使用权不得转让。将集体土地使用权转让的，应在有关部门补办土地征用或出让手续，将土地变为国家所有之后，再纳入土地增值税的征税范围。

②产权是否发生转让。土地的一级市场出让行为是国家转让，不纳税；如果是二级市场转让土地的产权，比如企业间的土地交易，就要纳税。

（3）扣除项目。

①取得土地使用权支付的金额。

a.纳税人为取得土地使用权所支付的地价款：以转让方式取得土地使用权的，为实际支付的地价款；以其他方式取得的，为支付的土地出让金。

b.按国家统一规定缴纳的有关登记、过户手续费。

②房地产开发成本：土地的征用及拆迁补偿费、前期工程费、建筑安装费、基础设施费、公共配套设施费、开发间接费用。

③房地产开发费用：管理费用、销售费用、财务费用。

④与转让房地产有关的税金。

⑤其他扣除项目：（仅指房地产开发纳税人）其他扣除项目金额 =（上述①和②项成本之和）× 20%。

⑥旧房及建筑物的评估价格 = 重置成本 × 成新度。

（4）增值额。

增值额计算公式为：增值额 = 转让收入 - 扣除项目。

纳税人有下列情形之一的，按房地产评估价计算征收土地增值税。

①隐瞒、虚报成交价的。

②提供扣除金额不实的。

③转让成交价低于评估价又无正当理由的。

（5）税收优惠。

①纳税人建造普通住宅出售时，增值额未超过扣除项目金额 20% 的，免征土地增值税；增值额超过扣除项目金额 20% 的，就其全部增值额计税。

②对个人转让房地产（自用住房），凡居住满 5 年或以上的，免征土地增值税；满 3 年未满 5 年的，减半征收土地增值税；未满 3 年的，不优惠。

③因国家建设需要依法征用收回的房地产，免征土地增值税。

（6）申报及缴纳。

①按次缴纳。每次转让房地产合同签订后 7 日内，到房地产所在地进行纳税申报。房地产企业的预售收入，应预征土地增值税。

②申报缴纳地点。纳税人是法人的，在房地产所在地申报缴纳土地增值税；纳税人是自然人的，在办理过户手续所在地申报缴纳土地增值税。

5.3.8　金税四期大数据下的注意事项

（1）比对购货发票的开票单位。核对开票单位与发票上的货物来源地是否相符。

（2）进项与销项的品名在开具发票的时候是否严重背离。例如，一个批发建材的企业，购进的都是建材，但有几张发票上的品名是汽油，而且金额很大，而成品油消费税是在炼油厂出厂环节征收的。这种情况下应该定性为虚开增值税专用发票。

（3）个人所得税工资、薪金所得，企业所得税薪金支出，社会保险费缴费基数，年金缴费基数和住房公积金数据是否匹配。金税四期数据共享，这些数据都必须匹配。

（4）企业实际经营范围与对外开具发票项目比对，从而发现是否存在虚开发票的问题。一般纳税人处理自己使用过的固定资产，虽然不属于其经营范围，也可以开具发票。但如果这种情况经常发生，企业应变更经营范围。

（5）是否多次应用年终一次性奖金。比对同一家企业、同一个纳税年度、同一个纳税人，一年中是否多次应用年终一次性奖金。

（6）比对实名办税。分别按照法人、财务负责人、办税人员和主要管理人员的证件号码，对同一法人、同一财务负责人、同一办税人员和主要管理人员重合及法人、财务负责人、办税人员交叉任职等情况进行分析展示与对比。

（7）监控个人股东是否发生股权转让行为。比对股权受让方是否按规定履行了个人所得税代扣代缴义务。

（8）比对纳税申报系统中的销售额和防伪税控系统中的开票金额是否一致，开票系统中的增值税销项税额与纳税人申报的增值税销项税额是否一致。

（9）比对财务报表的利润总额与企业所得税汇算清缴表上的利润总额是否一致。

（10）比对同行业同类型纳税人耗用电费比率是否正常。如纳税人当月用了多少电，同行业、同类型纳税人用了多少电，各占营业收入的比率是否差距较大等。

5.3.9 如何降低国地税联合办税后的税务稽查风险

国地税合并后，税务机关稽查力度明显加大，企业面临的压力更大。因此，企业做好以下工作有助于降低税务稽查风险。

（1）有针对性地对企业纳税情况进行书面分析说明，必须考虑得更加周全，否则容易出现顾此失彼的情况。

（2）对于同一业务，提供给不同税务机关的资料必须一致。

（3）对稽查进程缓慢的情况要有足够的耐心。

（4）需要考虑如何向税务机关提供解释，同一业务应该有相同的解释，并且不能与外部机构的建议相冲突。

（5）测算补税成本必须考虑增值税、企业所得税、个人所得税等主要税种的协调问题。

（6）重视日常业务法律文件、商业单据的保管和处理。

5.4 企业如何应对税务稽查

随着我国税务不断改革完善，我国企业的税收环境与发展环境不断趋好，尤其中小企业不仅得到了大力度的税收扶持，且发展前景也越发明朗。在这样的市场背景下，我国税务部门为保障税收公平性、明确各类税收的潜在问题，不断加大了对企业的稽查力度，企业为有效降低税务风险，需要具备一定的税务稽查应对能力。

事实上，税务机关的税务稽查并不会对企业造成根本影响，反而可以规范企业纳税行为，降低企业税务风险。企业从以下几方面做好税务稽查应对工作，便可以确保自己不会遭受严重的税务处罚。

5.4.1　税务机关的稽查方法

税务机关对企业实施税务稽查主要有三种方法，分别是查账法、分析法和调查法。掌握了税务机关的这三种稽查方法后，企业便能够有针对性地开展税务稽查应对工作。

1.　查账法

查账法是税务机关通过查账方式对企业进行税务稽查的方法。这种稽查方法主要对企业账目进行详细审查、研究，如果发现疑点则继续详查取证，之后根据查账结果做出最终稽查决策。

2.　分析法

分析法是指税务机关通过多种分析技术，对企业会计资料及会计资料相关财务信息、企业缴税情况进行系统审核分析的方法。这种方法可以及时分析出企业潜在的涉税疑点与线索，之后针对疑点与线索进行追踪详查。

3.　调查法

调查法是指税务机关在稽查过程中通过观察、盘点、盘问以及外部调查等方式，对企业税收经营情况、财务管理、营销策略等进行检查核实的方法。这一方法可用于对企业的全面稽查，税务机关通过这一方法能够清楚了解企业实际的纳税情况。

5.4.2　税务稽查的日常基础工作

企业应对税务稽查不能等稽查出现后再仓促准备，因为税务部门随时可能进行税务稽查，所以企业需要在日常经营生产中做好应对税务稽查的基础工作。这些基础工作主要包括以下几点。

1.　了解行业税务稽查情况

企业在日常生产经营中需要提前了解所属行业的税务稽查情况，其中包括稽查频率、稽查主要内容、稽查关键事项等，针对这些稽查要素提前做好准备，确保自身顺利通过税务稽查。

2. 定期自查

企业定期进行税务自查是规避税务风险的主要措施，企业通过税务自查能够提前了解到潜在的涉税问题、需要补税的具体内容，以及面对突发税务稽查时应该如何解释问题出现的原因。

3. 稽查重点

日常生产经营中，企业可以根据实际经营情况预测出税务机关对自己的稽查重点。比如企业财务报表的规范性、企业账务调整的实际情况等，对自身存在的税务稽查重点做好日常管理，确保通过税务稽查。

4. 维护自身权利

企业虽然有配合税务稽查人员工作的义务，但不是无条件地服从。企业需要提前了解应对税务稽查时需要准备的材料，之后合法维护自身权利。比如税务稽查人员如果没有提供相关文件，企业有权利拒绝税务稽查人员的一些要求。另外，税务稽查人员仅拥有纳税问题的询问权利，并没有审讯和限制人身自由的权利，企业有权对一些无理稽查要求进行反驳。

5.4.3　税务稽查前的准备工作

当企业确定接受税务稽查后，需要提前做好以下准备工作。

1. 准备相关发票

发票是企业说明自身纳税情况，以及税务稽查工作的重点，企业在确定接受税务稽查后一定要提前准备好相关发票，积极配合税务稽查人员的稽查工作，说明自身实际情况，避免因发票问题遭受处罚。

2. 核实进项税额和销项税额

税务稽查人员十分重视企业增值税进项税额和销项税额的审核，发票内容的一致性和税率的确定性往往是税务稽查人员审核的重点。企业提前核实进项税额和销项税额是确保顺利通过税务稽查的重要事项。

3. 说明税负率异常情况

企业税负水平一般都在税务机关进行过备案，企业平均税负出现小幅度波动属于正常现象，一旦出现超过 20% 的波动则会被视为稽查重点，企业需要提前对这类情况做好说明，并提供相应资料证明。

5.4.4 税务稽查接待技巧

接待税务稽查人员首先要态度礼貌，明确自身主动配合的观点。因为税务稽查人员没有搜查权，所以企业接待人员有权利根据实际情况拒绝一些提供资料的要求。切记不要与税务稽查人员发生冲突。

接待税务稽查人员时需要提前准备好接待地点，一般地点设置在会议室，这样企业接待人员有更多时间应对税务稽查人员的各种要求。

5.4.5 税务稽查底稿核实方法

稽查底稿是税务稽查的重要依据，税务稽查人员带走稽查底稿之前企业接待人员应该复印一份进行核实分析。稽查底稿的核实方法为，对底稿进行逐条、逐句、逐字地确认核实，一旦发现与实际情况不符，企业纳税工作人员需要尽快以书面文件形式反馈给税务稽查部门，之后等待税务稽查部门的处理决定，并配合后续稽查工作。

5.4.6 税务稽查意见反馈技巧

企业在进行税务稽查意见反馈时需要对稽查工作进行认真研究，对稽查底稿进行逐条核对，按照"有理有据，有礼有节"的原则进行稽查意见反馈，使税务稽查部门能够听取企业意见，做出有利于企业的稽查决策。